edition suhrkamp 2063

Die Einführung des Euro spaltet nicht nur in Deutschland die Öffentlichkeit. Die Befürworter des Euro argumentieren, die Währungsunion werde die Wettbewerbsfähigkeit verbessern und sei ein unabdingbarer Schritt auf dem Weg zu einem vereinten Europa. Die Gegner sind der Überzeugung, diese Währung sei »weich«, sie werde die Strukturprobleme der Wirtschaft nicht beheben, sondern den transnationalen Wettbewerb auf Kosten des Sozialstaates und der Umwelt verschärfen.
Der pointierte Essay von Alexander Schubert zeigt, welchen Gefahren die zukünftige Geldordnung ausgesetzt ist. Dabei wird deutlich, daß viele mit dem Euro verknüpfte Hoffnungen unerfüllbar sind. Dennoch begreift Alexander Schubert den Euro als eine Chance, wenn es gelingen sollte, seine Einführung dazu zu nutzen, die demokratische Ausrichtung der Gremien der EU zu befördern und die europäische Supernationalität auszugestalten.
Alexander Schubert, geb. 1945, ist Ökonom und Politologe sowie Dozent an der Freien Universität Berlin. Von ihm erschien zuletzt, in Zusammenarbeit mit Wolf-Dieter Narr, das Buch *Weltökonomie: Die Misere der Politik* (es 1892).

Alexander Schubert

Der Euro

Die Krise einer Chance

Suhrkamp

edition suhrkamp 2063
Erste Auflage 1998

Erstausgabe

Satz: Jung Satzcentrum, Lahnau
Druck: Nomos Verlagsgesellschaft, Baden-Baden
Umschlag gestaltet nach einem Konzept
von Willy Fleckhaus: Rolf Staudt
Printed in Germany

1 2 3 4 5 6 – 02 01 00 99 98

Inhalt

Für Nicolai Spok

Vorwort

Der spanische Schriftsteller Juan Goytisolo hat den Vorwurf erhoben, die Gegenwartsliteratur beschäftige sich trotz einer geschichtlich beispiellosen Phase bürgerlicher Ideenreiche vor allem mit salonfähigen Themen statt mit kritischer Aufklärung. Aus freien Stücken würden sich Schriftsteller das Korsett einer lukrativen Dressur umschnüren lassen. Was die Debatte zum Euro angeht, läßt sich ähnliches auch von den meisten Ökonomen behaupten. Freiwillig gehen sie von Analysen auf Distanz, die nicht marktfähig wären. Für und wider den Euro: Der Mehrheitschor der Ökonomen wetteifert um Erklärungen an der Oberfläche; die Positionierungen erfolgen jenseits von Gesellschaftsanteilen oder gar Kritik. An den sozialen Verhältnissen, die dem neuen Geld vorausgesetzt sind, darf offenbar unbekümmert vorbeigeschaut werden.

Die folgende Darstellung des Prozesses der europäischen Währungsunion beschäftigt sich besonders mit ihren wirtschaftlichen Inhalten, ohne jedoch die Machtverhältnisse zu überschauen, die ihrer Geschichte, ihren Institutionen und ihrer politischen Ausgestaltung als Grundlage dienen. Nur in diesem Zusammenhang lassen sich die wesentlichen Herausforderungen und Widersprüche dieser neuen Etappe der europäischen Integration einordnen. Im Text wird mehrheitlich auf deutsche Quellen verwiesen, die für die europäische Diskussion als repräsentativ gelten können.

Ich danke Helen Ahrens, Raimund Fellinger, Karl-Heinz Henssel, Wolf-Dieter Narr und Inti Schubert für ihre Ermunterung, Ratschläge und redaktionelle Überarbeitung des Manuskripts.

Einleitung

Wie kein anderes Thema hat in den neunziger Jahren die Debatte um die Einführung einer gemeinsamen Währung für die Mitgliedsstaaten der Europäischen Union (EU), des Euro, die wirtschaftspolitische Diskussion in Europa geprägt. Die hohe Arbeitslosigkeit, die mangelnde Wachstumsdynamik, die Krise der Staatsfinanzen und der dadurch bedingte Abbau von Sozialleistungen waren zwar auch wichtige Themen. Aber sie wurden alle in den Schatten gestellt von den Vorbereitungen zur Währungsunion. Von dieser erhofft man sich ja nicht nur die nötige monetäre Stabilität, sondern auch die Festlegung von klaren Spielregeln für die Wirtschaftspolitik. Beides soll dazu beitragen, die Wettbewerbsfähigkeit der an der Währungsunion beteiligten Nationen zu stärken. In Zukunft soll die Währungsunion die monetäre Stabilität gewährleisten, damit sich die EU dem globalen Wettbewerb stellen kann. Sie soll Europa das ihm gebührende Gewicht in der Welt verschaffen.

Den Vorbereitungen zu dieser neuen Weltmachtstellung stehen die Bürger machtlos gegenüber. Sie müssen auf das bekannte Geld und alle damit zusammenhängenden Symbole verzichten. Eine nationale Währung war immer an nationale Institutionen und folglich an nationale Politik gebunden. An der Geldentwicklung konnten die Bürger ablesen, wie es zumindest im monetären Bereich um ihre Nation stand. Stabiles Geld hat ihr Vertrauen in die vorhandenen politischen Institutionen gestärkt. Geld, das durch Inflation entwertet wurde, führte unmittelbar vor Augen, daß etwas im Staate, vor allem in der Regierung nicht stimmte. Es war mit ein Grund, sie abzuwählen. So abstrakt die Verbindungen gewesen sein mögen: Das nationale Geld hat die Bürger eines Staates nicht nur ökonomisch, sondern auch politisch und emotional miteinander verbunden.

Es bedarf keiner großen Phantasie, um zu erkennen, daß die Einführung des neuen Geldes in der EU wesentlich mehr bedeutet als nur eine Währungsumstellung: Das neue Geld ist Anzeichen dafür, daß sich gravierende staatliche Veränderungen vollziehen. Bisher unbekannte Institutionen werden geschaffen, die den Erhalt des Wertes der Währung ohne Rücksicht auf die besonderen Lebensbedingungen in den einzelnen Staaten sicherstellen sollen: Bürger einer innerhalb der EU wirtschaftlich zurückfallenden Nation werden das gleiche Geld besitzen wie die einer aufblühenden. Die Beziehung zwischen Geld und nationaler Entwicklung löst sich auf. Dem allgemeinen Geld wird nicht anzusehen sein, wie es um die einzelnen Nationen bestellt ist, in denen es zirkuliert. Dadurch geht ein wichtiges öffentliches Zeichen der nationalen Wirtschaftsentwicklung, zu dessen Interpretation es keiner wissenschaftlichen Analysen, sondern nur der unmittelbaren Lebenserfahrung bedurfte, verloren.

Der Euro ist supranationales Geld. Ein solches Experiment ist einzigartig in der Wirtschaftsgeschichte. Währungsunionen hat es zwar schon viele gegeben, aber nur in der Form, die eigene nationale Geldzirkulation an Verfügbarkeit eines mit anderen Staaten geteilten Geldes zu binden, in den meisten Fällen Gold. Der Euro ist jedoch weder an Gold noch an irgendeine andere Währung gebunden. Sein Wert hängt von der Vertrauenswürdigkeit einer von den Nationalstaaten weitgehend verselbständigten supranationalen Zentralbank ab, die es in ihrer Art auch noch nie gegeben hat.

Der Euro wird einem durch ausgeprägte Ungleichheit zwischen den Nationen gekennzeichneten Europa gleichsam aufgepfropft. Die unmittelbaren Vorteile, die den Bürgern durch das Experiment versprochen werden, können seine Durchführung nicht rechtfertigen, denn sie wiegen die zu Recht vermuteten Gefahren nicht auf. Die gepriesene Preistransparenz auf den europäischen Märkten ist für die lokal verhafteten Bürger irrelevant, vor allem bei Dienstleistungen, die ortsgebunden sind. Einsparungen durch fehlenden Devisenumtausch bei Zahlungen im EU-Ausland können sich auch als Illusion erweisen, wenn Banken auf Umwegen dann doch entsprechende Gebühren erfinden. Woher kommt also die enorme Motivation zu diesem als »historisch« bezeichneten Sprung in die Zukunft?

Die ganze Angelegenheit mag noch so unverstanden oder unbeliebt sein – Tatsache ist, daß das Geld der Nationalstaaten in Westeuropa nicht den einzelnen Bürgern, sondern den vorherrschenden Mächten der wirtschaftlichen Transnationalisierung lästig und sogar gefährlich geworden ist. Ihnen erscheint es als unnötiger Ballast, der sich ihrer weiteren Entfaltung entgegenstellen kann. Der zugrundeliegende Gesellschaftsprozeß mag als Globalisierung, Transnationalisierung, Internationalisierung oder wie auch immer bezeichnet werden: Jeder Begriff verweist darauf, daß nationale Grenzen, wie sie bisher in Westeuropa existiert haben, nunmehr ökonomisch überholt erscheinen.

Immer mehr europäische Konzerne, die jeweils Zehntausende von Mitarbeitern beschäftigen, drängen auf die Weltmärkte. Weltmarkt heißt hier aber zunächst: europäischer Binnenmarkt. Fast 70 Prozent des als »Außen«-Handel der EU-Staaten bezeichneten Waren- und Dienstleistungsverkehrs wird in ihm vollzogen. Rechtlich und institutionell herrscht in diesem Markt völlige Kapitalmobilität.

Europäische Unternehmen haben EU-weit stark miteinander verkettete Produktionsstandorte geschaffen, von denen aus sie den europäischen Binnenmarkt und andere Weltmärkte beliefern. Ihre transnational organisierten Niederlassungen, Fusionen und Übernahmen, strategischen Allianzen und zahlreiche andere Kooperationsformen haben die nationalen Volkswirtschaften der EU-Staaten auf der Ebene der einzelnen Branchen inzwischen so stark integriert, daß sie national nicht mehr überlebensfähig, weil nicht konkurrenzfähig sind. So ist eine neue Wirtschaftsstruktur entstanden, für die nationale Grenzen und institutionelle Besonderheiten nicht mehr ein Vorteil, sondern ein lästiges Überbleibsel der Vergangenheit sind.

Zu solchen störenden Überresten zählen auch die nationalen Währungen. Mögen die Menschen noch so sehr an ihrem nationalen Geld hängen, mögen sie es noch so sehr als Symbol ihrer Identifizierung mit dem um ihre soziale Sicherheit kaum noch bekümmerten Nationalstaat empfinden – um der transnationalen Konkurrenz willen drängt das herrschaftsmächtige Kapital auf Einführung und Ausbreitung des Euro. An ihm sollen alle EU-Bürger erkennen, daß nun die Zeiten beginnen, da ihre Lebensbedingungen nicht mehr vom Nationalstaat entschieden, geschweige denn gesichert werden können. Daß jetzt die Zeit angebrochen ist, in der sie zur Aufgabe ihrer nationalen Illusionen aufgefordert sind.

Böte die Währungsunion einen akzeptablen Ersatz für nationale Währungen, ließe sich vom Euro als einem historischen Ereignis sprechen. Wäre die Chance der politischen Neuordnung im Sinne der Ausweitung liberaldemokratischer Freiheiten genutzt worden, wie einige

Erklärungen zur Politischen Union andeuten, hätte der Verzicht auf nationale Illusionen neue Hoffnungen wekken können. Der Enthusiasmus der Bürger für das supranationale Geld hätte kaum gebändigt werden können, wäre er mit der Ankündigung einer neuen, friedlichen, sozialstaatlich orientierten supranationalen Staatsform verbunden gewesen.

Doch die Währungsunion, wie auch der gesamte europäische Integrationsprozeß, folgt bis heute dem Primat der Ökonomie. Dessen konkrete Ausgestaltung bleibt den transnational vorherrschenden Wirtschaftsinteressen überlassen. Sie sind an der Verbesserung der Konkurrenzfähigkeit interessiert, sie fordern zusätzliche Mobilität und Flexibilität der Menschen, um sie noch besser an ihren die sozialen Gegensätze vergrößernden Produktionsprozeß anzupassen. Sie wünschen sich Staaten, die nur noch ihren Expansionsbedürfnissen behilflich sind. An einer demokratischen Ausformung supranationaler Institutionen ist ihnen genausowenig gelegen wie an der Beibehaltung der sozialstaatlichen Verpflichtungen in den gegenwärtigen Nationalstaaten.

Die Währungsunion ist ein weiterer Schritt zur Bildung und Konsolidierung der supranationalen Institutionen der Europäischen Union. Das mag als ein wichtiger politischer Schritt interpretiert werden. Die institutionelle Ausrichtung dieser neuen Instanzen ist jedoch einseitig. Nicht daß Preis- und Währungsstabilität gesichert werden sollen, ist zu kritisieren, sondern daß für die Erhaltung der Preisstabilität zunehmende soziale Verzerrungen in Kauf genommen und staatlicherseits immer weniger bekämpft werden. Und einseitig ist auch, daß neben der neuen Zentralbank keine anderen Institutionen geschaffen werden, die ebenso supranational und weisungsmächtig die Verbesserung der Lebensbedingungen der Menschen zum Ziel haben, die von den Vorteilen der Transnationalisierung ausgeschlossen bleiben.

Das Europäische Zentralbanksystem ist kein geeigneter Entwurf, um die demokratische Ausgestaltung der europäischen Staaten zu fördern. Der Souveränitätsverzicht der Nationalstaaten zugunsten der supranationalen Zentralbank bedeutet die weitere Entmachtung der Bürger. Denn wichtige demokratische Entscheidungsinstanzen der Nationalstaaten, besonders die Parlamente, werden durch die neuen Institutionen umgangen und in entscheidenden Fragen außer Funktion gesetzt. Es handelt sich hierbei nicht nur um das bekannte »Demokratiedefizit« der EU, das entgegen optimistischen Vermutungen weiter zunimmt. Vielmehr treten die neuen supranationalen Institutionen gegenüber den Nationalstaaten als weisungsbefugte Herrschaftsinstrumente der globalen wirtschaftlichen Transnationalisierung auf.

Damit sind die Themen dieses Buches angedeutet. Den Hintergrund bildet eine Darstellung der Kontroverse über den Euro, in der die unterschiedlichen Positionen charakterisiert werden. Denn die Einordnung so zahlreicher und konfuser Äußerungen zu jedem einzelnen der unzähligen Themen, die damit zusammenhängen, ist für Normalbürger gar nicht mehr möglich.

Dem folgt die Einordnung der fundamentalen Wirtschaftsentwicklungen und -widersprüche der europäischen Transnationalisierung. Ihr Verständnis wird nicht nur durch fehlende Analysen, sondern auch durch einen krassen Mangel an Information erschwert. Vor allem das Ausmaß der europäischen Kapitalzentralisation und -konzentration ist kaum bekannt, ihr Einfluß auf die monetäre Entwicklung kaum untersucht. Die europäische Integration soll den transnationalen europäischen Konzernen zusätzliche Wettbewerbsfähigkeit schaffen; von einer neuen supranationalen Wettbewerbsordnung ist dagegen nie die Rede. Die negativen sozialen Folgen sollen als Opfer für das Wirtschaftswachstum hingenommen werden.

Im vierten und fünften Kapitel findet eine Auseinandersetzung mit den ökonomischen und politischen Inhalten der Währungsunion statt. Wichtigste These ist, daß die Währungsunion mit ihrer einseitigen Fixierung auf Preisstabilität dem durch die wirtschaftliche Transnationalisierung geprägten Primat der Ökonomie folgt. Daß sie folglich die darin angelegten sozialen Verzerrungen in den einzelnen Nationen zusätzlich verstärken wird. Und daß sie die undemokratische Tendenz der politischen Entwicklung der europäischen Integration bestätigt.

Im letzten Kapitel werden die Veränderungen der internationalen Währungsblöcke durch den Euro im Rahmen der gegenwärtigen Weltwirtschaftsentwicklungen geschildert. Diese Veränderungen werden ausgeprägte Konsequenzen auf die Beziehungen der EU zu den USA haben und auch weltweit die Stellung der europäischen Ökonomie relativ stärken. Einige Autoren prognostizieren verstärkte ökonomische Konflikte zwischen der EU und den USA und verweisen auf die Notwendigkeit stärkerer zwischenstaatlicher Kooperation. Auch hier wird deutlich, daß die Währungsunion den Erfordernissen einer sozialstaatlich verträglichen Weltwirtschaftsentwicklung nicht gerecht wird und ihre demokratische Ausgestaltung nicht nur eine innereuropäische Herausforderung, sondern eine weltwirtschaftliche Notwendigkeit ist.

1. Die Kontroverse um den Euro

1.1 Die Metamorphosen des Euro

Auf der Grundlage des Maastricht-Vertrags von 1992 hat die Europäische Union eine Währungsunion beschlossen, als deren Folgen die dieser Union beitretenden Staaten den Euro übernehmen. Die Beitrittskriterien zur Währungsunion sind klar definiert – darüber, ob und wie ein Staat die Union wieder verlassen kann, gibt es keine vertraglichen Vereinbarungen.

Bei den langjährigen Diskussionen zur Währungsunion, die gegen Ende der sechziger Jahre begannen, kamen die unterschiedlichsten politischen Standpunkte zum Ausdruck. Sie gruppierten sich um zwei wesentliche Grundströmungen, die den Diskussionsprozeß mehr oder weniger prägten.

Nach der sogenannten »Bindungsthese« sollten die Staaten der EU (damals noch EWG) eine Wechselkursunion eingehen. Das heißt, die Wechselkurse zwischen den einzelnen Währungen sollten fest aneinander »gebunden« werden, und die wirtschaftspolitische Kooperation zwischen den Staaten sollte die vereinbarten Wechselkurse sicherstellen. Das Modell war eine auf die EWG bezogene Weiterentwicklung des damals bestehenden Weltwährungssystems, das 1945 in Bretton Woods aus der Taufe gehoben worden war. In diesem System waren die wichtigsten Währungen durch Paritäten gegenüber Gold oder Dollar fixiert, die nicht mehr als 1 % nach oben oder unten schwanken durften. Es brach kurze Zeit nach den ersten Initiativen in der EWG zur Währungsunion im Jahre 1973 zusammen und wurde niemals wieder hergestellt. Die einzelnen Staaten der EWG sollten nach der

Bindungsthese ihre Souveränität über das eigene Geld nicht etwa durch Übertragung an eine supranationale Instanz verlieren. Das Ziel war eine direkte und enge Abstimmung der nationalen Wirtschaftspolitiken unter der gemeinsamen Perspektive der Wechselkurs- und Preisstabilität.

Nach der »Krönungsthese« stellte sich die Währungsunion als Höhepunkt eines politischen Integrationsprozesses dar, der die Gewähr für eine eng harmonisierte Wirtschaftspolitik der einzelnen Staaten bot. Diese Integration sollte nicht nur zum Verlust der staatlichen Geldsouveränität der an einer Währungsunion teilnehmenden Staaten führen, sondern in die Politische Union münden. Der Grundgedanke war hier, daß nationalstaatliche Konflikte immer eine einheitliche, stabilitätsorientierte Geldpolitik verhindern würden. Der Erfolg der Währungsunion würde daher die Verschmelzung der einzelnen Nationalstaaten in einen europäischen Gesamtstaat voraussetzen. Eine einheitliche Staatsgewalt sollte über die ehemaligen Nationen der EG herrschen und die Voraussetzungen für die Geldwertstabilität schaffen.

Hinter diesen verschiedenen Positionen verbarg sich nicht nur ein unterschiedliches Verständnis des eigentlichen Integrationsprozesses. Es spiegelte auch ein anderes Verständnis der gesellschaftlichen Bedeutung der Geldwertstabilität und der staatlichen Formen, die zu ihrer Erhaltung notwendig sind, wider. Während in Deutschland und den Niederlanden den Souveränitätsbekundungen Frankreichs, Italiens und den späteren Mitgliedern der EU mit Mißtrauen begegnet wurde, betrachteten die politisch herrschenden Kräfte in diesen Nationen den geforderten nationalstaatlichen Souveränitätsverzicht als Unterwerfung unter einen deutschen Hegemonialanspruch. In Deutschland wurde den »romanischen« Staaten mangelnde »Stabilitätskultur« vorgeworfen. Den deutschen Regierungen, gleichgültig ob nun sozial-liberal oder christlich-liberal, hallte der Vorwurf entgegen, unter dem Vorwand der Geldwertstabilität die anderen Volkswirtschaften ihren eigenen Interessen unterwerfen zu wollen.

Hinter dieser Debatte verbargen sich jedoch keine grundsätzlichen Interessenkonflikte. Sowohl auf politischer als auch auf ökonomischer Ebene setzte sich der Integrationsprozeß trotz schwieriger äußerer Umstände – Aufkündigung des Bretton Woods-Systems mit der Konsequenz frei flottierender Währungen, Energiekrise und Öl-Schocks und wirtschaftliche Stagnation bei hoher Inflation (»Stagflation«) in den USA – fort.

Im Jahre 1979 wurde das Europäische Währungssystem (EWS) gegründet. Es entsprach weitgehend dem Versuch, ohne Politische Union die Wechselkurse zwischen den meisten EG-Währungen innerhalb geringer Fluktuationsbandbreiten zu stabilisieren. Trotz einiger z. T. gravierender Krisen war es relativ erfolgreich. Es schuf die Voraussetzung, um den Integrationsprozeß der EG vor negativen Auswirkungen der Verschuldungspolitik des amerikanischen Staates in den achtziger Jahren zu schützen. Protektionistische Abschirmungsstrategien und verschärfte Wettbewerbsverzerrungen in der EG wurden vermieden.

Ohne große politische Widerstände konnte sich in dieser Periode die DM in den Mittelpunkt des EWS stellen. Sie wurde zur »Ankerwährung« im EWS. Das heißt, der Wechselkurs der DM gegenüber dem Dollar wurde für die anderen Währungen des EWS in ihrem Verhältnis zum Dollar bestimmend. Das deutsche Zinsniveau bekam einen hervorragenden Einfluß auf die Preis- und Zinsentwicklung in den anderen EG-Staaten. Es etablierte sich eine *de facto*-Hegemonie der DM. Und da immer angenommen wurde, der Wert der DM hinge von der Haushaltspolitik der deutschen Regierung und der Geldpolitik der Bundesbank ab, verbreitete sich die Ansicht, die staatlichen Instanzen der Bundesrepublik würden die Wirtschaftsentwicklung in den anderen EG-Staaten bestimmen und folglich auch für die eigenen nationalen Interessen ausnutzen können.

Wie stark sich diese Ansicht ausbreitete, läßt sich vielerorts nachlesen, vor allem bei Erklärungen französischer und britischer Politiker. So wurden z. B. in Großbritannien heftige Debatten darüber geführt, ob ein Beitritt dieser Nation zum EWS und später zur geplanten Währungsunion nicht die Unterwerfung unter das Diktat der Deutschen Bundesbank bedeute. Premierministerin Thatcher beschwor das Gespenst einer deutschen Hegemonie.

In den meisten Nationalstaaten der EG stimmten die Regierungen jedoch darin überein, daß zusätzliche institutionelle Vereinbarungen zur Gewährleistung der innergemeinschaftlichen Wechselkursstabilität getroffen werden müßten. In Hannover beauftragten daher im Juni 1988 die Regierungschefs der EG den Präsidenten der EG-Kommission mit der Leitung einer Arbeitsgruppe, die Vorschläge für ein stabiles Währungssystem in der EG ausarbeiten sollte. Der »Delors-Bericht« wurde 1989 vorgestellt.

Die Veröffentlichung des Berichts fiel mit der Krise und dem anschließenden Zerfall des realsozialistischen Lagers zusammen. Er enthielt einen konzeptionellen Leitfaden für die Neuordnung und institutionelle Gestaltung der wirtschaftlichen Zusammenarbeit der Staaten der EU. Zu einer Zeit, da der Präsident der USA eine neue Weltordnung verkündete, schlug der Delors-Bericht bescheidener die Verwirklichung der europäischen Wirtschafts- und Währungsunion in drei Stufen oder Etappen vor. An deren Ende würden die Nationalstaaten ohne formelle politische Union ein einheitliches Geld einführen und besitzen.

In der ersten Phase sollte der EG-Binnenmarkt vervollständigt und eine integrierte Finanzzone mit völlig freiem Kapitalverkehr geschaffen werden. In der zweiten Etappe sollten die Wechselkurse im Europäischen Währungssystem eng aneinander gebunden werden. Das neu zu gründende Europäische Währungsinstitut sollte in dieser Phase zur Koordinierung der Wirtschaftspolitiken in der EG beitragen und die institutionellen und technischen Vorbereitungen für das zukünftige System der Europäischen Zentralbanken schaffen. Ab 1997 sollte dann mit der unwiderruflichen Festlegung der Wechselkurse das einheitliche Geld parallel zu den nationalen Geldern eingeführt werden. Ein endgültiges Datum für die Aufgabe der nationalen Währungen wurde nicht genannt. In den Mittelpunkt der gemeinsamen Wirtschaftsentwicklung wurden allgemeine »Konvergenzkriterien« gestellt, von deren Einhaltung der Erfolg der Währungsunion abhängig sei.

Das vorgelegte Konzept hat die Marschroute für den Maastricht-Vertrag von 1992 bestimmt. Die Idee einer politischen Union wurde fallengelassen. Statt dessen müssen die Staaten in der dritten Stufe ihre Geldsouveränität an die Europäische Zentralbank übertragen. Zum primären Ziel der Währungsunion wird die Preis-, d.h. Geldwertstabilität erklärt. Die Nationalstaaten verpflichten sich, ihre wirtschaftspolitischen Instrumente so einzusetzen, daß die sogenannten »Konvergenzkriterien« erfüllt werden. Diese legen Höchstwerte für die öffentliche Verschuldung, inländische Inflation und Zinsraten fest und fordern, daß die Wechselkurse stabil bleiben. Es wird nämlich angenommen, daß entsprechende Kennzahlen die Rahmenbedingungen schaffen, damit die Geldpolitik der Europäischen Zentralbank die Preisstabilität in den teilnehmenden Nationalstaaten gewährleisten kann.

Der Maastricht-Vertrag durchlief einen komplizierten und kontrovers diskutierten Ratifizierungsprozeß. Auf den nach seiner Unterzeichnung 1992 folgenden Konferenzen und Regierungstreffs wurden seine Details präzisiert: Mitte 1996 einigten sich die Regierungschefs auf Euro als den Namen des neuen Geldes, Ende 1996 wurde in Dublin der sogenannte »Stabilitätspakt« vereinbart, der die Nationalstaaten zu einer »strikten« Einhaltung der Konvergenzkriterien verpflichtet und Sanktionen für die Staaten vorsieht, die sich nicht daran halten. Ende 1997 wurde schließlich für Mitte 1998 die Festlegung sowohl des Kreises der teilnehmenden Staaten als auch der unwiderruflichen Wechselkurse zwischen ihren Währungen angekündigt. Ab 1999 gilt in diesen Staaten der Euro als gesetzliches Zahlungsmittel.

Bis spätestens 30. Juni 2002 soll die Währungsunion vollendet sein: Von da an herrscht der Euro über die nationalen Geldkreisläufe, die bis spätestens Ende 2001 von der Europäischen Zentralbank emittierten Euro-Geldscheine nehmen den Platz der früheren DM, Francs, Gulden usw. ein. Alle bis zum Juni 1998 als mitgliedsfähig erachteten sowie die später der Währungsunion beitretenden Staaten verlieren dann ihr nationales Geld. Zum ersten Mal in der Geschichte soll supranationales Papiergeld entstehen, das gleichzeitig in unterschiedlichen Staaten als gesetzliches Zahlungsmittel gilt und von einer einzigen Zentralbank emittiert wird.

1.2 Zur Gestalt der Währungsunion und ihren Hoffnungen

Für die neue Währungsunion ist zwar ein einheitliches Geld aus der Taufe gehoben worden. Aber jeder einzelne Nationalstaat wird weiterhin seine eigenen Steuern und seine eigenen Sozialversicherungssysteme haben. Der von der Brüsseler Kommission verwaltete EU-Haushalt bleibt auf das bisherige Niveau beschränkt. Ein Finanzausgleich zwischen den Staaten ist über den eingeschränkten Rahmen des heute nur mit relativ wenigen Finanzmitteln ausgestatteten »Strukturfonds« nicht vorgesehen. Jedem Vorschlag, den innergemeinschaftlichen Finanzausgleich zu erweitern, widerfuhr das gleiche Schicksal: Ein Sturm der Entrüstung erhob sich gegen die Vorstellung, die reichen Staaten des Nordens müßten die ärmeren des Südens unterstützen. Jeder Staat solle sich, so lautete die Gegenforderung, zur Lösung seiner Finanzprobleme an die Regeln des transnationalen Standortwettbewerbs halten. Die Währungsunion ist nicht als Solidar-, schon gar nicht als »Transfer«-Gemeinschaft gedacht.

Die Integration der an der Währungsunion teilnehmenden Nationalstaaten wird vertieft, aber jeder Staat muß alleine sehen, wie er seine Standortvorteile – was immer man darunter auch verstehen mag – am besten zur Geltung bringt. Die zwischenstaatliche Konkurrenz wird in keiner Weise beseitigt oder reguliert. Innerhalb der Währungsunion fällt nur das Instrument der Anpassung durch Wechselkursabwertung weg:

> Es gibt keine Möglichkeit mehr zu einer national differenzierten Währungspolitik. Weder kann die einheitliche Geldpolitik nationale Unterschiede in Konjunktur- und Preisentwicklung berücksichtigen. Noch kann ein Wechselkurs unterschiedliche Entwicklungen

von regionaler Produktivität und Wettbewerbsfähigkeit innerhalb der Union korrigieren. (Tietmayer, BAP 63/97)

Die Verfechter der Währungsunion singen ein Loblied auf die Globalisierung, die neue Chancen für den transnationalen Wettbewerb schaffe. Sie soll helfen, zusammen mit einer vollständigen Liberalisierung des Waren- und Kapitalverkehrs die Grundlage für einen erfolgreichen Standortwettbewerb der EU-Staaten herzustellen.

Europa muß sich ... (der) Globalisierung von Wirtschaft und Politik stellen. Wir, die europäischen Bürger, haben keine andere Wahl: Die Antwort darauf kann nur die Vertiefung der Integration sein. (Schmidhuber 1995, S. 5)
Die wirtschaftliche Globalisierung fordert Europa zunehmend heraus. Europa braucht Antworten.
(Tietmayer BAP 63/97)

Die Antwort der Währungsunion ist die Formulierung von bindenden Leitlinien, an denen sich die Nationalstaaten bei ihrer Wirtschaftspolitik zu orientieren haben. Denn, so behauptet die EG-Kommission und mit ihr viele andere öffentliche Stellen: Die Wirtschaftspolitik der Vergangenheit hat versagt, hohe Arbeitslosigkeit und mangelnde Wirtschaftsdynamik kennzeichnen die wirtschaftliche Lage der EU-Staaten. Die Regierungen haben ein falsches »policy-mix«, eine falsche Kombination von wirtschaftspolitischen Maßnahmen, ergriffen. Aber die Währungsunion schafft einen Ausweg. Sie wird die Konkurrenzfähigkeit der europäischen Unternehmen stärken und durch bindende Leitlinien die Staaten zu einer »richtigen« Wirtschaftspolitik verpflichten. Wäre sie früher eingeführt worden, dann wäre es überhaupt nicht zu dieser schlimmen Lage gekommen. Das Grünbuch, das 1995 von der EU-Kommission mit dem erklärten Ziel veröffentlicht wurde, dazu beizutragen, »daß die Europäer stolz auf ihre Währung sind«, und sie ermutigt, »an deren Verwirklichung mitzuarbeiten«, ist sich da sicher:

In den letzten Jahren haben der nicht hinnehmbare Anstieg der Arbeitslosigkeit, die durch die Rezession bedingten Schwierigkeiten und die übermäßigen bzw. nicht gerechtfertigten Kursschwankungen an den Devisen- und Kapitalmärkten die Fortschritte auf dem Wege zur Wirtschafts- und Währungsunion in Europa geschmälert... Die Union wäre diesen Schwierigkeiten jedoch besser gewachsen gewesen, wenn es die einheitliche Währung bereits gegeben hätte. (Grünbuch, Abs. 1)

Jeder vertragliche Fortschritt auf dem Weg zur Währungsunion wurde folglich als Beitrag zur Lösung der vorhandenen Wirtschaftsprobleme begrüßt. Bereits die Ankündigung der Währungsunion habe die wirtschaftlichen Rahmendaten verbessert. Jahr für Jahr konstatierten offizielle Stellen, z. B. das Europäische Währungsinstitut, daß sich die Bedingungen für die Lösung der gravierenden Beschäftigungsprobleme gebessert hätten:

Seit ... 1996 haben sich wesentliche Fortschritte bei den institutionellen Vorbereitungen auf die WWU [Wirtschafts- und Währungsunion] ergeben, und ein in vielen Mitgliedsstaaten verstärktes Engagement zur Haushaltskonsolidierung zu bedeutsamen Vorteilen geführt. Kurz- wie langfristige Zinsen konvergieren auf einem niedrigen Niveau, und die Wechselkursstabilität hat sich erhöht. Somit helfen Fortschritte auf dem Weg zur WWU den Mitgliedsstaaten bei der Beseitigung einiger der größten Hemmnisse der letzten Jahre für ein dauerhaftes Wirtschafts- und Beschäftigungswachstum, nämlich der hohen Realzinsen und der Währungsturbulenzen... Die Aussichten für eine anhaltende Belebung der Wirtschaftstätigkeit und der Beschäftigung (haben sich) beträchtlich gebessert. (JWB 1997, S. 7)

Und der EU-Finanzkommissar de Silguy antwortet optimistisch auf die Frage nach den Wirkungen der Währungsunion:

Die Währungsunion wird gewiß dazu beitragen, daß sich in Europa die Voraussetzungen für Wirtschaftswachstum verbessern und mehr Arbeitsplätze geschaffen werden können. Der Euro stärkt die Wettbewerbsfähigkeit der europäischen Industrie. Kosten für den Umtausch der nationalen Währungen entfallen. Es gibt keine Unsicherheiten mehr wegen Wechselkursschwankungen ... Der Euro wird auch Vorteile im täglichen Leben der Konsumenten bringen. Preisvergleiche sind einfacher zwischen verschiedenen Ländern. (de Silguy, Interview in der *Süddeutschen Zeitung*, 8. April 1997)

Flexible Arbeitsmärkte, transparente Warenmärkte, ungehindert sich ausdehnende Geld- und Kapitalmärkte: Sie alle werden durch die preisorientierte Stabilitätspolitik der einzelnen Staaten zur Erhöhung der Wettbewerbsfähigkeit der europäischen Industrie führen. Von ihr erhofft man sich den großen Wachstumssprung. Das Beispiel haben vermeintlich die USA vorexerziert. Dabei übersah man geflissentlich die Tatsache, daß deren angebliches Beschäftigungswunder in nichts anderem als neuen, schlecht bezahlten Arbeitsplätzen im Dienstleistungssektor bestand.

Die Währungsunion, so die Prognosen, wird die europäische Wirtschaft durchlüften und ihr zu neuer Energie verhelfen:

Wenn es Europa schafft, seine Arbeitsmärkte deutlich zu flexibilisieren, und sich an den Gütermärkten der Konkurrenzdruck deutlich erhöht, und wenn dadurch der Wind der globalen Märkte und der weltweiten Konkurrenz über flexible, hoch kompetitive Strukturen intern stärker weitergeleitet und die europäische Wirtschaft mehr durchlüftet wird, dann werden auch die Bedingungen für anhaltende Preisstabilität in Europa besser. (Tietmayer, BAP 72/97)

Die Währungsunion wird den erfrischenden Globalisierungswind wie ein Windschacht in die EU-Staaten leiten. An Klarheit der Ankündigungen fehlt es nicht. Damit

Europa wieder Tritt faßt, seien grundlegende Reformen vonnöten. Denn nicht nur die falsche Politik, sondern auch veraltete Strukturen müßten aufgebrochen werden. Und dies sind:

> ... verkrustete Strukturen des Arbeitsmarkts, elementare Probleme beim Staatshaushalt, ausufernde Sozial- und Rentensysteme. (Lamfalussy 1996)

Der Globalisierungswind wird diese Strukturen aufbrechen, auch wenn der Euro »das Problem der Arbeitslosigkeit nicht lösen« wird (Lamfalussy 1996). Aber selbst wenn einige Millionen Arbeitslose vor ihrem Schicksal nicht gerettet werden können, so stellt doch der Euro die große Konzeption zur Sicherung einer privilegierten Stellung Europas in der Weltwirtschaft, zur Verteidigung seiner Wirtschaftskraft dar, damit es in allen wichtigen weltpolitischen Fragen mitreden kann. Mit einer gestärkten Weltmarktstellung wird Europa in der Welt wieder das nötige Gewicht besitzen.

»Vertrauen«, Bekenntnis zur europäischen Einheit, Festhalten an den vereinbarten Verträgen, so heißt die Losung. Vertrauen auch in die für die Werterhaltung des Euro zu schaffenden Institutionen, in ihre Regeln trotz des Souveränitätsverzichts der Nationalstaaten, Vertrauen schließlich in die Fähigkeit, eine starke Gemeinschaft zu werden, um die errungenen Privilegien zu erhalten:

> Dieses Vertrauen kann aber nur seine Grundlage in der Zugkraft der Integration Europas haben, in einer europäischen Identität, die sich darauf gründet, daß wir uns nur gemeinsam – gestützt auf gemeinsame politische und kulturelle Werte – und in der einen Welt, die die Europäer maßgeblich mitgeschaffen haben – in unserer privilegierten Position werden behaupten können. (Schmidthuber 1997)

Keine Zweifel: Europa wird mit der Währungsunion stabil, stark und politisch immer einiger werden. So hofft man. Von der Gefahr, daß die sozialen Unterschiede noch zunehmen werden durch ein gemeinsames Geld bei stark unterschiedlich entwickelten Staaten, ist bei den Befürwortern des Euro nichts zu hören. Der Euro soll gleichsam »like magic« wirken, trotz der absehbaren negativen Folgen für ökonomisch zurückgebliebene Regionen. Diese magische Wirkung entspricht den immer wieder auftauchenden Hoffnungen auf eine überlegene Kraft, einen »Legislateur«, der alles richten werde. Auch in der institutionellen Konzeption der Europäischen Zentralbank, die wir später analysieren, existiert diese Hoffnung auf die »selbstbindende« Rationalität eines abstrakt postulierten Allgemeininteresses – ihr Name lautet: die Preisstabilität. Das Interesse der Mehrheit der Menschen an gesicherten Lebensverhältnissen hat sich dem unterzuordnen und erst dann Anspruch auf Verwirklichung, wenn alle ihre Opfer geleistet haben.

1.3 Euroskepsis und -opposition

1.3.1 Die Euroskepsis der Deutschen Bundesbank

Kaum eine andere Institution hat sich in den vergangenen Jahren so ausgesprochen kritisch über den Prozeß zur Währungsunion geäußert wie die Deutsche Bundesbank. Sie hat dadurch immer wieder den Eindruck erweckt, der Währungsunion ablehnend gegenüberzustehen. Sie handelte sich entsprechend den Tadel von Altbundeskanzler Schmidt ein, der sie beschuldigte, unter Führerschaft ihres Präsidenten Tietmayer den europäischen Integrationsprozeß zu torpedieren (vgl. *Süddeutsche Zeitung*, 4. 11. 1997). Politiker anderer Nationalstaaten beschuldigten sie dagegen, diesen Integrationsprozeß dem deutschen Stabilitätsdiktat unterwerfen zu wollen, um dadurch die deutsche Hegemonie zu stärken.

Die Haltung der Bundesbank stimmt prinzipiell mit der Position derjenigen überein, die mit der Währungsunion auch eine politische Union forderten. Schon zur Zeit, als Karl-Otto Pöhl Präsident war, äußerte sich die Bundesbank kritisch zu allen Vorstellungen, die Währungsunion sei zwischen Nationalstaaten unterschiedlicher »Stabilitätskultur« zu verwirklichen, wenn diese nicht bereit seien, auf wesentliche Elemente ihrer Geldsouveränität zu verzichten. Kaum hatten die westeuropäischen Regierungen den Delors-Bericht angenommen, publizierte die Bundesbank Mitte 1990 eine Stellungnahme. Sie konnte schon damals als Kriegserklärung an die Nationalstaaten interpretiert werden, weil sie in unmißverständlicher Weise deren Verzicht auf Einflußnahme auf die Geldpolitik und ihre Unterordnung unter die Kriterien der supranationalen Preisstabilität forderte. Sie war so formuliert, daß sich Jahre später Bundesbankpräsident Tietmayer fragte, ob sie denn überhaupt »in Politik und Wirtschaft« wirklich in ihrer gesamten Tragweite verstanden worden sei (Tietmayer 1995, S. 1).

In der Erklärung wurde konstatiert, daß die Errichtung einer Währungsunion die unwiderrufliche Fixierung der Wechselkurse zwischen den beteiligten Währungen (mit der Möglichkeit ihrer späteren Ablösung durch eine einheitliche Währung) bei vollständig und dauerhaft garantiertem freien Kapitalverkehr bedeute. Daraus ergebe sich zugleich die Notwendigkeit, auf eine eigenständige nationale Geld- und Währungspolitik zu verzichten und die Zuständigkeit hierfür auf die Gemeinschaftsebene zu übertragen. Die teilnehmenden Volkswirtschaften würden im Währungsbereich auf Gedeih und Verderb miteinander verbunden werden. Doch welche Wirkungen sich hieraus – insbesondere für den Geldwert – ergeben, werde wesentlich von der Wirtschafts- und Finanzpolitik sowie dem Verhalten der Tarifpartner in allen Mitgliedsländern beeinflußt. Sie müßten den Erfordernissen einer Wirtschafts- und Währungsunion gerecht werden.

Außerhalb Deutschlands wurde die politische Bedeutung des Dokuments durchaus verstanden. Wegen des Gewichts der deutschen Wirtschaft innerhalb der EG und insbesondere wegen der Rolle der DM als einer der stabilsten, zugleich auch am häufigsten als Reservewährung verwendeten europäischen Zahlungsmittel wurde es als klarer Ausdruck eines deutschen Hegemonialanspruches gewertet. Denn wenn nun die Volkswirtschaften »auf Gedeih und Verderb« miteinander verbunden sein würden, konnte dies nur zweierlei heißen: Entweder akzeptierten alle anderen Nationalstaaten, sich den Stabilitätsanforderungen der Bundesbank und ihrer Zinspolitik zu unterwerfen, oder die Bundesbank würde eine Schwächung der DM tolerieren müssen. Die Bundesbank ließ jedoch keine Zweifel, daß sie nur eine Möglichkeit zulassen würde:

> Bei der konkreten Ausgestaltung des weiteren Stufenprozesses und bei der Festlegung der institutionellen Struktur für die Endstufe der WWU muß aus der Sicht der Bundesbank den stabilitätspolitischen Erfordernissen in jedem Fall ausreichend Rechnung getragen werden. Dabei muß gesichert werden, daß künftig auf Gemeinschaftsebene gleiche Stabilitätsergebnisse erzielt werden können wie bisher in der Bundesrepublik. (DBB, Stellungnahme 1990, Abs. V)

Schon damals stellte die Bundesbank fest, daß die wirtschaftliche und wirtschaftspolitische Entwicklung in der Europäischen Gemeinschaft durch große Unterschiede zwischen den Mitgliedsstaaten gekennzeichnet war. Zwar wurden dank des Europäischen Währungssystems seit Beginn der achtziger Jahre zwischen einigen Mitgliedsstaaten erhebliche Fortschritte in Richtung auf eine größere stabilitätspolitische Konvergenz konstatiert. Hierzu hatte die Bundesbank mit ihrer konsequenten, auf eine stabile DM ausgerichteten Politik angeblich wesentlich beigetragen. In der gesamten Gemeinschaft bestünden jedoch noch immer weitreichende und zum Teil sogar wieder zunehmende Divergenzen, die sich insbesondere bei der Entwicklung der Kosten und Preise, den teilweise sehr hohen Defiziten in den Staatsbudgets einzelner Länder sowie in erheblichen außenwirtschaftlichen Ungleichgewichten zeigten. Die Ursachen hierfür lägen in den meisten Fällen nicht so sehr in vorübergehend wirksamen Faktoren, sondern vor allem in beträchtlichen Unterschieden in den institutionellen Strukturen, den wirtschaftlichen Grundorientierungen sowie den Verhaltensweisen der Tarifpartner.

Folglich rief die Bundesbank die anderen Staaten dazu auf, vor jedem weiteren Fortschritt bei der Verwirklichung der Währungsunion ihrem Beispiel zu folgen. Gefordert wurde die Herstellung der Unabhängigkeit der jeweiligen Zentralbanken von politischen Entscheidungen der Regierungen – eine Forderung, an der später festgehalten wurde. Außerdem wurde eine klar definierte vertragliche Verpflichtung anderer Regierungen und Staaten verlangt, sich die deutschen Stabilitätskriterien zu eigen zu machen. Diese Aufforderung erfolgte nicht nur, weil die Bundesbank diese als Voraussetzung für den Erfolg der Währungsunion ansah, sondern weil die Teilnahme der Bundesrepublik ihr nur dann als erträglich erschien, wenn die DM nicht »aufgeweicht« würde und darüber hinaus der deutsche Staat durch den zukünftigen Euro, der damals noch keinen Namen hatte, finanziell nicht zusätzlich belastet werde. Vor einer überhasteten Währungsunion wurde daher gewarnt, denn:

> Bei (der vorhandenen) wirtschaftlichen und wirtschaftspolitischen Situation in der Gemeinschaft wäre eine baldige unwiderrufliche Fixierung der Wechselkurse sowie die Übertragung geldpolitischer Kompetenzen auf die Gemeinschaftsebene insbesondere für die Bundesrepublik mit beträchtlichen Stabilitätsrisiken verbunden. Außerdem müßte – insbesondere von den südeuropäischen Ländern – mit erheblichen zusätzlichen Forderungen nach kompensierenden öffentlichen Finanzausgleichsleistungen gerechnet werden, da diese Länder in einer Währungsunion mit den unvermeidlichen Konsequenzen ungenügender Arbeitsplatzmobilität und weiterbestehender Einkommens- und Produktivitätsgefälle konfrontiert werden. (Ebd.)

So wurde dazu aufgerufen, die Währungsunion nicht zu forcieren, »hinreichende und dauerhafte stabilitätspolitische Konvergenz zwischen den Mitgliedsländern« abzuwarten und währenddessen die Verwirklichung des europäischen Binnenmarkts zu beschleunigen. Zur Wirtschaftsunion gehöre auch eine hinreichende Verpflichtung aller Mitgliedsstaaten zu einer dauerhaften Stabilitätsorientierung ihrer Finanzpolitik. Geldwertstabilität könne auf Dauer nur erreicht und gesichert werden durch eine stabilitätsorientierte Finanzpolitik in allen Mitgliedsländern. Und da bei einer Wirtschafts- und Währungsunion die finanzpolitischen Entscheidungen weitgehend in der Hand der Mitgliedsstaaten verblieben, müßten auf Gemeinschaftsebene vertragliche Vorkehrungen einschließlich bindender Regeln und Sanktionen für eine wirksame Haushaltsdisziplin in allen Mitgliedsstaaten geschaffen werden.

Schließlich zählte die Bundesbank die Voraussetzungen auf, die nach ihren Kriterien am Ende der Übergangszeit für den Eintritt in die Endstufe erfüllt sein müßten, und zwar, daß

1. Die stabilitätspolitische Konvergenz zwischen allen an

der Währungsunion teilnehmenden Mitgliedsstaaten so weit fortgeschritten sei, daß

- die Inflation in allen Ländern weitestgehend beseitigt und die Preisdivergenzen praktisch abgebaut seien,
- die Haushaltsdefizite in allen beteiligten Ländern auf ein dauerhaft tragbares und stabilitätspolitisch unproblematisches Maß reduziert seien und
- die Dauerhaftigkeit der erreichten Konvergenz auch in der Beurteilung durch die Märkte, d.h. in einer weitgehenden Annäherung der Zinsen an den Kapitalmärkten, zum Ausdruck gekommen sei;

2. Alle an der Währungsunion teilnehmenden Mitgliedsstaaten zuvor für eine hinreichend lange Zeit am Wechselkursverbund des EWS ohne Sonderregelungen teilgenommen und alle Kapitalverkehrsbeschränkungen endgültig abgebaut hätten;
3. Die Statuten der nationalen Zentralbanken hinsichtlich ihrer Stabilitätsverpflichtung und ihrer Unabhängigkeit weitgehend angeglichen worden seien;
4. Auf Gemeinschaftsebene die vertraglichen Vorkehrungen (einschließlich bindender Regeln und Sanktionen) für eine wirksame Haushaltsdisziplin in allen Mitgliedsländern geschaffen worden seien;
5. Das Binnenmarktprogramm einschließlich des Abbaus steuerlicher Grenzkontrollen verwirklicht werde.

Mit diesem umfassenden Programm, das über jede Selbstkritik erhaben war, ging die Bundesbank in die bürokratischen Schlachten der Währungsunion und vertrat, was sie die »deutschen Interessen« im gesamten währungspolitischen Integrationsprozeß nannte. Dabei vergaß sie nicht, der eigenen Regierung entsprechende Empfehlungen mit auf den Weg zu ihren zwischenstaatlichen Verhandlungen zu geben und sie später ständig zu wiederholen.

So nahm die Deutsche Bundesbank eine ideologische Führungsposition bei der Definition der Merkmale des monetären Einigungsprozesses ein. Um diese Position scharten sich allmählich die Vertreter der anderen Nationalbanken der Währungsunionskandidaten sowie der großen europäischen Privatbanken. Die Bundesbank wollte keineswegs die Währungsunion torpedieren, sondern versuchte, durch ihre kritisch-distanzierte Haltung ihren Prinzipien Geltung zu verschaffen, auf die Gefahr hin, die Regierungsbürokraten, die sich über die vertragliche Ausgestaltung der Währungsunion einigen mußten, in Erklärungsnöte zu bringen. In der lauten Verteidigung der von ihr immer schärfer geforderten »stabilitätspolitischen Ausrichtung« oder gar »Stabilitätsgarantie« der Währungsunion baute die Bundesbank ihre politische Position immer mehr aus. Es gelang ihr zu verhindern, vom politischen Entscheidungsprozeß so verdrängt zu werden, wie sie es bei der deutschen Währungsunion und der Festlegung des Umtauschverhältnisses zwischen DM und Deutscher Mark (der DDR) auf nationaler Ebene schon einmal erlebt hatte.

Die beständigen Warnungen der Bundesbank vor einer »übereilten«, nicht konsequent durchgeführten, ihrer Meinung nach falsch ausgerichteten Währungsunion können jedoch nicht darüber hinwegtäuschen, daß sie prinzipiell überhaupt keine Alternative zu dem von den Regierungen beschlossenen und ständig konkretisierten Modell der supranationalen Integration vorzulegen hatte.

1.3.2 Die Euro-Gegnerschaft und ihre Grenzen

In vielen Staaten der EU hat die Bevölkerung massiv gegen die Einführung des Euro protestiert. In Dänemark wurde der Beitritt zur Währungsunion durch Massenproteste verhindert. In Schweden zog die Regierung die Konsequenzen aus der Ablehnung des Euro in der Bevölkerung und kündigte frühzeitig an, sie werde das Land nicht in die Währungsunion führen. In Deutschland zeigten Umfragen Anfang 1998, daß etwa 70 Prozent der Bevölkerung gegen den Euro waren. In Frankreich waren es weniger, aber die Straßen füllten sich mit demonstrierenden Arbeitslosen, die nicht nur eine Erhöhung des Arbeitslosengeldes, sondern den Verzicht auf den Euro forderten.

Der Grund für viele dieser Proteste und Ablehnungen bestand nicht nur im Unverständnis dafür, daß sich der eigene Nationalstaat zu enormen Opfern verpflichtete, sondern auch durchaus in berechtigter Angst, daß dies auf Kosten des Lebensstandards der Bevölkerung gehen wird. Die Proteste waren gegen die Maßnahmen gerichtet, die die Regierungen als zwingende Vorbereitungen für den jeweiligen Beitritt zur Währungsunion rechtfertigten. Aber sie spiegeln auch ein tiefes Mißtrauen wider, ob die privilegierte Position der eigenen Nation, z.B. Deutschlands, nicht doch durch den Beitritt zur Währungsunion untergraben werde, ob die »harte« DM also durch den »weichen« Euro ersetzt werde.

Die Diskussionen um die neue Geldordnung in der EU sind vielerorts schon von Anfang an mit dem Stigma des »Opfers« behaftet gewesen. Das alte, gute Geld, das gar zur nationalen Identifikation dient, muß »geopfert«, »aufgegeben«, die geldpolitischen Entscheidungen müssen an eine »fremde« Zentralbank übertragen werden, auf die die Nationen keinen Einfluß mehr haben. Der Verzicht auf die DM, so verkündeten deutsche Nationalisten unter lautem Beifall ihrer Gesinnungsgenossen in anderen Nationen, etwa von Jörg Haider in Österreich, bedeute ein untragbares Zugeständnis an andere, angeblich weniger stabilitätsorientierte Staaten. Dem Diktat der Deutschen Bundesbank wollte man sich dagegen in anderen Nationen entziehen bzw. nicht unterwerfen.

Ein Blick auf die verschiedenen Argumente der Euro-Gegner macht jedoch deutlich, daß nirgends tatsächlich die Frage aufgeworfen wurde, ob die heutigen Nationalstaaten der EU wirklich alternative Entwicklungsmöglichkeiten haben, wenn sie nicht der Währungsunion beitreten (vgl. Jörges 1998). Der Widerstand konzentrierte sich auf die monetären und z. T. auch fiskalpolitischen Fragestellungen. Die Konsequenzen der Teilnahme der jeweiligen Nationen an der wirtschaftlichen Integration in Europa und am allgemeinen Prozeß der Globalisierung, ob sie nun innerhalb der Währungsunion sind oder nicht, fanden meistens, wenn überhaupt, nur nebensächliche Beachtung.

Prinzipiell geht es bei den Euro-Gegnern immer um die gleiche Frage: um den nationalstaatlichen Souveränitätsverzicht durch die Währungsunion. Während für das eine Lager dieser nationalstaatliche Verzicht aus grundsätzlichen politischen Gründen unerträglich ist, anerkennt das andere seine Rechtfertigung, bezweifelt jedoch, daß er wirklich effizient und insofern »gerecht« ist, als er die eigene Position gegenüber den anderen Nationen möglicherweise in Frage stellt. Die einen unterstellen, die Währungsunion würde bestehende Machtpositionen, etwa der DM, konsolidieren und somit deutsche Hegemonialansprüche gegenüber anderen Nationen festigen. Die anderen unterstellen, die Zwänge der Währungsunion würden ihren eigenen Nationalstaat zu unannehmbaren Konzessionen an andere Staaten nötigen, weil diese nicht in der Lage seien, die Bedingungen für das eigentliche Ziel, die Preis- und Währungsstabilität, zu erfüllen.

Die Position Großbritanniens, das zum ersten Lager gehört, ist in unzähligen Schriften und Reden fast gleichlautend im Sinne der Aussage des damaligen Finanzministers der konservativen Regierung formuliert worden. Die Sorge sei nicht, daß ein starkes Europa die Schwäche Großbritanniens voraussetze, sondern daß Großbritannien eben nur dann zum starken Europa beitragen wolle, wenn der britische Nationalstaat seine ureigenen Merkmale nicht aufgeben müsse. Unter der konservativen Regierung war Großbritannien nicht prinzipiell gegen eine Währungsunion, aber doch gegen eine Form von Währungsunion, von der eine Schwächung des britischen Nationalstaates angenommen wurde:

> Unser Ziel sollte ein starkes Großbritannien sein, ein Europa starker Nationalstaaten, die ihre gemeinsamen Interessen, wo sie existieren, in enger Zusammenarbeit verwirklichen, die aber die wichtigsten Merkmale ihrer nationalen Identität behalten. Die Frage, die wir bei jedem neuen Politikvorschlag stellen sollten, ist: Würde diese europäische Politik für Großbritannien von Vorteil sein? (Clarke)

Konkret wurde die Gefahr beschworen, daß sich Großbritannien auf supranationaler Ebene den Entscheidungen des politisch-administrativen Apparats der Brüsseler EU-Kommission unterwerfen müsse. In eindringlichen Worten wurde davor gewarnt, daß die Währungsunion einen tiefgreifenden Wandlungsprozeß der Staatsstrukturen bewirken werde, an dessen Ende keine Nation sich mehr wiedererkennen werde:

> ... eine neue Beziehung (zwischen Deutschland, Frankreich, Großbritannien und Italien, A. S.) scheint sich anzubahnen. Das Endziel ist die Wahl zwischen verschiedenen Formen einer mehr oder minder festen politischen Föderation, deren grandiosester Ausdruck die Vereinigten Staaten Europas wäre. Soll auch nur eine davon Wirklichkeit werden, müssen die Nationalstaaten auf ihre Souveränität

verzichten und sich bis zur Unkenntlichkeit verändern. (Pryce-Jones 1997, S. 32)

Eindringlich warnte daher ein englischer Schriftsteller den deutschen Bundeskanzler, Europa nicht wieder den deutschen Hegemonialgelüsten auszusetzen, die in der Geschichte dieses Jahrhunderts schon so großes Unheil angerichtet hätten. Frederick Forsyth sprach davon,

> daß Deutschland erneut auf einem neuen Wahnsinnsweg voranmarschiert. Ich spreche von dem fanatischen Ziel, uns alle, Europäer und Deutsche, zu einer überstürzten, verfrühten, unvorbereiteten und – wenn sie, wie es geschehen wird, scheitern sollte – verheerenden Währungs- und Wirtschaftsunion zu drängen. (In: *Der Spiegel* 14/97)

In Deutschland hat man die Dinge jedoch bei den Euro-Kritikern ganz anders gesehen. Hier artikulierte sich kein eigentlicher Massenprotest, sondern eine intellektuelle Agitation gegen die allzu frühzeitige Verwirklichung der Währungsunion, die in den staatlichen »think tanks«, etwa im wirtschaftlichen Sachverständigenrat, in einigen Forschungsinstituten und natürlich auch in der Professorenschaft ausgetragen wurde. Auf politischer Ebene führten einige Ministerpräsidenten die Euro-Opposition an – sowohl aus der CDU, der CSU als auch aus der SPD. Hier stand die »Stärke« des Euro im Visier: Die mangelnde Fähigkeit der anderen Nationen zur Einhaltung der für die Preisstabilität angenommenen Bedingungen wurde als Gefahr beschworen (vgl. Kösters u. a. 1998). Der deutsche Bürger müsse sicher sein, daß sein Geld nicht abgewertet werden wird, daß die Preisstabilität erhalten bleibt und der Euro keine Inflation auslöst. Daß Deutschland zur Absicherung der Währungsunion nicht zu unverantwortlichen Transferzahlungen an andere Staaten genötigt sein werde. Die DM müsse hart bleiben, und solange dies nicht gewährleistet sei, dürfe es keine

Währungsunion mit deutscher Beteiligung geben. Ansonsten würde Verrat am Volke geübt:

> Ein weicher Euro wäre ein Rückschlag. Wir haben – alle gemeinsam – jahrelang ... gesagt, daß die Kriterien den Zeitplan bestimmen und nicht umgekehrt. Wenn wir jetzt sagen würden, der Zeitplan geht aus politischen Gründen vor, dann würden wir ja der Stabilität der Währung nicht mehr die oberste Priorität geben. Das wäre in dieser essentiellen Frage der schwerste Vertrauensbruch gegenüber der deutschen Bevölkerung (Stoiber).

Tatsächlich hatten sich auch schon das Bundesverfassungsgericht mit der Frage eines zeitlichen »Automatismus« bei der Verwirklichung der Währungsunion beschäftigt und diesem eine Abfuhr erteilt. Denn, so erklärte das oberste Gericht:

> Die Bundesrepublik Deutschland unterwirft sich mit der Ratifikation des Unions-Vertrags nicht einem unüberschaubaren, in seinem Selbstlauf nicht mehr steuerbaren »Automatismus« zu einer Währungsunion; der Vertrag eröffnet den Weg zu einer stufenweisen weiteren Integration der europäischen Rechtsgemeinschaft, der in jedem weiteren Schritt entweder von gegenwärtig für das Parlament voraussehbaren Voraussetzungen oder aber von einer weiteren, parlamentarisch zu beeinflussenden Zustimmung der Bundesregierung abhängt. (Bundesverfassungsgericht 1993)

Und daß hierbei in jedem Fall auf eine strikte Einhaltung der Konvergenzkriterien zu achten sei, hatte schon der Deutsche Bundestag mit aller Deutlichkeit in seiner entsprechenden Entschließung zum Euro zum Ausdruck gebracht. Darin hatte es geheißen, daß »beim Übergang zur dritten Stufe der Wirtschafts- und Währungsunion die Stabilitätskriterien eng und strikt auszulegen seien ... Die künftige europäische Währung muß so stabil sein und bleiben wie die Deutsche Mark.« (Deutscher Bundestag 1993)

So hatten die Euro-Gegner in Deutschland ein leichtes

Spiel: Ausgehend von der These, daß die Währungsunion notwendigerweise Inflation verursachen werde, forderten sie eine Verschiebung der Euro-Einführung. Denn es sei falsch, anzunehmen, daß die Einführung des Euro die politische Union, auf die im Maastricht-Vertrag verzichtet worden sei, fördern könne. Ohne politische Union würden sich aber die Bedingungen für die Preisstabilität in der Währungsunion nicht herstellen lassen. Denn solange die einzelnen Staaten nicht die Konvergenzkriterien »strikt« erfüllten, käme darin ihre Unfähigkeit zum Ausdruck, sich den Erfordernissen dieser Stabilität anzupassen, folglich auch der politischen Union zuzustimmen und beizutreten. Unter diesen Umständen die Währungsunion zu verwirklichen bedeute, den erreichten Stand der wirtschaftlichen Integration in Frage zu stellen:

> Eine gemeinsame Währung kann keine Fortschritte in der politischen Integration erzwingen. Dies zeigen die gescheiterten Versuche von Währungsunionen in der europäischen Geschichte. Statt dessen kann sie aber so viele ökonomische Verwerfungen hervorrufen, daß auch der bisherige, sehr weitreichende Stand der Integration in Europa wieder gefährdet würde. Eine Währungsunion ist nur dann dauerhaft erfolgreich, wenn vorher oder gleichzeitig eine politische Union geschaffen wird. (Ohr 1996)

Statt auf die Notwendigkeit hinzuweisen, zusammen mit der Währungsunion auch andere Vereinbarungen zu treffen, die der politischen Union den Weg bereiten könnten, legte sich eine Gruppe von Professoren auf die Meinung fest, der Euro käme zu früh, weil noch zu große strukturelle Unterschiede zwischen den betreffenden Staaten bestünden (vgl. Köster u. a.). Erst wenn diese überwunden seien und somit die Bedingungen für die politische Union gegeben seien, würde auch die Währungsunion ihren Platz in der Geschichte finden.

Mit dem Argument der drohenden ökonomischen und

politischen Verwerfungen durch die Währungsunion zogen dann auch zu Beginn des Jahres 1998 vier Professoren wieder vor das Bundesverfassungsgericht, um die Währungsunion zu stoppen (Hankel u. a. 1998). Nun wurde das Argument malträtiert, die deutsche Regierung würde doch – in klarem Widerspruch zum Maastricht-Urteil dieses Gerichts von 1993 – die Teilnahme Deutschlands am monetären Einigungsprozeß dem zeitlichen Automatismus unterwerfen. Sie forderten das Gericht auf, den Beitritt Deutschlands zur Währungsunion so lange zu unterbinden, bis es absolut klar sei, daß auch die anderen Staaten die geforderten Konvergenzkriterien erfüllten und keine Zweifel mehr an deren Stabilitätswillen bestünden.

Statt Aufklärung betrieben diese Eurokritiker jedoch Verklärung. Sie meinten, die von ihnen konstatierten Mißverhältnisse seien das Ergebnis wirtschaftspolitischer Fehler, nicht das Ergebnis der besonderen Form der von ihnen nun zum Schutzobjekt erklärten europäischen Integration. Auf die Transnationalisierung der europäischen Ökonomie und auf die Globalisierung der Weltmärkte einzugehen, hielten sie sowieso für unangemessen. Die meisten dieser Kritiker hatten gegen sie nichts einzuwenden.

Im Gegenteil. Sie waren der Überzeugung, der Euro käme zu früh, weil er die staatliche Anpassung an die Transnationalisierung behindern würde. Statt auf die Gefahren einer allgemeinen wirtschaftspolitischen Konvergenz innerhalb der EU – die selbst ein so prominenter Befürworter der Währungsunion wie Helmut Schmidt für eine ökonomische Absurdität hielt (Schmidt 1997) – hinzuweisen, forderten sie die »strikte« Konvergenz als Voraussetzung einer auch von ihnen befürworteten Währungsunion. Erst sollten sich die europäischen Staaten in der transnationalen Standortkonkurrenz austoben können, und dann der Euro folgen. Aber damit niemand glauben möge, sie seien nicht um das Wohl der Bevölkerung besorgt, wurde das Anti-Euro-Argument mit dem Hinweis auf die Gefahren versehen, die sich daraus ergäben, wenn die unterschiedlichen Entwicklungen in den einzelnen Staaten nicht mehr durch Wechselkursveränderungen, sondern durch unmittelbare Anpassungen im Lohnniveau vollzogen würden. Dabei sind gerade diese Wechselkursveränderungen und die Währungskrisen eine der Hauptgefahren für den europäischen Integrationsprozeß. Und die Nationalstaaten sind zur Aufrechterhaltung ihrer Konkurrenzfähigkeit – und, wie wir noch sehen werden, zur Beschaffung des Kapitals zur Deckung der Staatsschulden – darüber hinaus auf die Verhinderung von Währungskrisen und radikale Abwertungen angewiesen. Und schließlich übersehen diese Kritiker, daß die radikalen Einkommensumschichtungen, die durch ständige Wechselkursveränderungen in den einzelnen Nationalstaaten vollzogen werden, eine Bedrohung für die soziale Gerechtigkeit darstellen.

Gegen den Transnationalisierungsprozeß haben sich, mit wenigen Ausnahmen, die Euro-Kritiker nicht gewendet. Sie beschränkten sich auf eine oberflächliche Analyse der Nachteile, die möglicherweise für gewisse nationale Partikularinteressen aus der Währungsunion resultieren konnten. Mehr noch: Die Mehrheit der professoralen Kritiker forderte, der wirtschaftliche Liberalisierungsprozeß und die Beseitigung der strukturellen Verkrustungen von Arbeitsmärkten und sozialen Sicherungssystemen, von denen auch Euro-Befürworter sprechen, solle noch forciert, spekulativen Kapitalbewegungen noch zusätzliche Freiheiten gewährt werden. In London verteidigte man die nationalstaatliche Unabhängigkeit, um den

Finanzplatz London nicht zu gefährden. In Deutschland wurde gefordert, den Bürgern zusätzliche Anreize für spekulative Sparanlagen zu geben. Gegen die massiven Privatisierungen von Staatsvermögen wurde nirgends protestiert.

Eines läßt sich angesichts der Schwäche dieser Euro-Kritik voraussagen: Kaum zum allgemeinen Geld geworden, werden sich auch die ehemaligen Kritiker an den Diskussionen beteiligen, welche Maßnahmen zur Stärkung des Euro erforderlich seien, wie das neue Geld durch den Staat zu schützen sei, wie sich die Gesellschaft der Globalisierung anzupassen habe und durch maßvolles Handeln die Wertstabilität des weltweit mobilen Geldkapitals sichern müsse. Nur wenige, wie Emmanuel Todd, werden auf das baldige Verschwinden des Euro wetten. Denn wenig spricht dafür, daß die Transnationalisierung der europäischen Ökonomie und die mit ihr einhergehende Entwicklung supranationaler Institutionen krisenhaft verläuft und eine Umkehrung erfahren könnte. Um so wichtiger ist es, die treibenden Kräfte dieser Transnationalisierung genauer zu untersuchen.

2. Der Euro und die wirtschaftliche Entwicklung in der EU in den neunziger Jahren

2.1 Währungsunion und Transnationalisierung: Ein Tandem

Der Euro marschierte seit dem Maastricht-Vertrag voran und kümmerte sich wenig um die kleinen Stolpersteine, die ihm in der Öffentlichkeit, meistens auch ohne große Glaubwürdigkeit, in den Weg gelegt wurden. Denn der Euro bezog seine Kraft aus einer definitionsmächtigen Realität: der globalisierten Weltökonomie. Ihre besonderen Ausprägungsformen in Europa bilden die Grundlage der Währungsunion. Die Kräfte, die den Binnenmarkt vorangetrieben haben, setzten sich auch für das gemeinsame Geld ein. Sie versprechen sich davon nicht zu Unrecht verbesserte Wettbewerbsbedingungen. Und das heißt: eine bessere Anpassung der Arbeitsverhältnisse an ihren jeweiligen Produktionsstandorten in der Währungsunion, bessere Zugangsbedingungen zu allen weltweiten Märkten und staatliche Absicherung ihrer Konkurrenzfähigkeit. Das neue Geld soll diese Bedingungen herbeizaubern helfen.

In Westeuropa sind in den letzten zwanzig Jahren durch die Transnationalisierung der Ökonomie zahlreiche international operierende Großkonzerne entstanden. Auf sie entfällt der größte Teil des Außenhandels, mindestens die Hälfte des Produktionswerts und ein wesentlicher Teil der Beschäftigung. Die wirtschaftliche Entwicklung in den Staaten der EU – wie auch weltweit – ist von ihnen abhängig. Sie führte nicht nur zu einer zunehmenden Schwächung der Wirtschaftsdynamik, die sich in allgemein sinkenden Wachstumsraten niederschlägt. Auffällig ist auch die Unfähigkeit, genügend Arbeitsplätze für die Bevölkerung im arbeitsfähigen Alter zu schaffen, die eine angemessene Einkommensentwicklung erlauben würden. Einer zunehmenden Einkommens- und Reichtumskonzentration steht eine massive absolute und relative Verarmung breiter Gesellschaftsschichten gegenüber.

Die Transnationalisierung der europäischen Ökonomie setzt weder eine Homogenität der Staaten voraus, noch trägt sie dazu bei, diese herzustellen. Was weltweit gilt, kann innerhalb der EU ohne große Schwierigkeiten beobachtet werden: Die Nationalstaaten der EU sind so stark ausdifferenziert, daß die unterschiedlichen Arbeitsverhältnisse und staatlichen Abgaben und Auflagen sehr heterogene Kostenstrukturen schufen, deren intelligente Ausnutzung einen dynamischen Prozeß transnationaler Investitionen von großen und z. T. auch mittleren Unternehmen gefördert hat. Viele Produktionsbranchen, auf die die einzelnen Nationen stolz als auf ihre eigenen hinweisen konnten, sind auf diese Weise heute national nicht mehr überlebensfähig. Und das gilt sogar dort, wo die Arbeitsfähigkeiten unvermindert vorhanden sind.

Was hat das nun alles mit der Währungsunion zu tun? Die Frage muß trotz der vorherrschenden Meinung gestellt werden, es handele sich bei der Währungsunion um einen Prozeß, der mit der Globalisierung nichts zu tun habe – oder der sich jenseits der Apparate der Transnationalisierung der europäischen Ökonomie, sprich von transnationalen Unternehmen und Institutionen entwikkelten globalen Geld- und Kreditmärkten, vollziehe, sozusagen als Produkt der Unterhaltungs- und Profilierungsbedürfnisse einzelner Politiker und Bürokraten.

Die Antwort lautet: Die Währungsunion ist das notwendige Korrelat der Transnationalisierung des Produktions- und Finanzsektors und die Voraussetzung dafür, daß europäische Konzerne sich weiterhin erfolgreich an ihr beteiligen können. Der Ursprung des Euro liegt in der Bildung eines supranational durch große Unternehmen integrierten Wirtschaftsgebietes. Die Konsolidierung dieser Unternehmen als vorherrschender gesellschaftlicher Macht in Europa hat die Geburtsstunde des Euro eingeläutet. Ihre heutigen Bedürfnisse haben die institutionelle Ausgestaltung der Währungsunion, wie sie nun mit dem neuen Geld in ihre dritte und letzte Etappe geht, geprägt. Und sie werden darauf achten, daß sich die Währungsunion auch so entwickelt, wie es ihren Entfaltungsbedingungen entspricht.

Deshalb ist es so wichtig, die strukturellen Merkmale der europäischen Wirtschaftsentwicklung in den letzten Jahren bei der Analyse der Konzeption der Währungsunion und ihrer möglichen Konflikte zu berücksichtigen. Denn diese Merkmale verweisen sie auf die zukünftigen sozialen und produktiven Verhältnisse, die in Europa durch die Währungsunion gefestigt werden. Erst dadurch wird die Währungsunion in ihrer historischen Bedeutung verständlich.

Die Transnationalisierung ist also der reale Grund der zukünftigen monetären Entwicklung in Europa. Der Blick ist aber nicht nur betrachtend. Deren Unzulänglichkeiten, Widersprüche und Ungerechtigkeiten dürfen nicht ausgeklammert werden. Denn die Gefahren sind in der Tat groß, daß Europa durch die Währungsunion so verändert wird, daß man am Ende den Nationalstaaten, auf denen sie weiterhin basiert, nicht einmal mehr ihren demokratischen Ursprung anmerkt. Und daß von der die gesellschaftliche Entwicklung seit 1945 tragenden sozialstaatlichen Verpflichtung ebenfalls nichts mehr übrigbleibt.

2.2 Der makroökonomische Hintergrund der Währungsunion

2.2.1 Tendenzieller Wachstumsrückgang

Die EU-Kommission, Präsidenten von Nationalstaaten, Regierungschefs und deren Minister, Notenbankpräsidenten, also der laute Chor offizieller Staatsvertreter, sowie ein ebenso lauter Chor von Vertretern aus Unternehmensverbänden werden nicht müde, auf die unbefriedigende Wirtschaftsentwicklung in der EU hinzuweisen. Diese Tendenz ist in der Tat auch unverkennbar. Auf weitergehende Erklärungen als den Hinweis, es handele sich um das Ergebnis eines falschen »policy mix« oder noch nicht beseitigter »Verkrustungen«, wartet man jedoch vergeblich. Selbst der statistische Nachweis der These, eine zunehmende Flexibilisierung des Arbeitsmarktes und der Abbau der sozialstaatlichen Regelungen der Nationalstaaten werde eine arbeitsplatzschaffende Wirtschaftsdynamik in der EU wieder hervorbringen, ist nicht einmal ansatzweise geführt worden. Die Beweise stützen sich auf irreführende Schlußfolgerungen des gesunden Menschenverstands, der gerade dann herangezogen wird, wenn dem gesunden Volksempfinden, das mehr Arbeitsplätze und höhere Einkommen fordert, widersprochen werden soll.

Seit Beginn der neunziger Jahre befindet sich die Wirtschaft der Staaten der Europäischen Union in einer langanhaltenden Wachstumskrise. Vorbei sind die Zeiten, in denen, in der Hochkonjunktur, Wachstumsraten von bis zu 6% oder mehr erreicht wurden. Zwischen 1960 und 1973 lag das Wirtschaftswachstum der 15 EU-Staaten bei durchschnittlich 4,7%, zwischen 1973 und 1979 nur noch bei 2,5% und zwischen 1980 und 1990 kaum noch bei 2,3%. Ab 1991 beginnt das wirkliche Debakel: In den ersten zwei Jahren dieses Jahrzehnts wuchs die EU-Wirtschaft mit 1,5 % und 1,0 %, 1993 gab es eine tiefe Rezession, und obwohl danach wieder Wachstumsraten von 2,8 % und 2,7 % erreicht wurden, hat der angekündigte »solide« Aufschwung bisher auf sich warten lassen.

A. G. Frank (1986) hat schon vor Jahren auf das Phänomen aufmerksam gemacht, daß nicht nur die Raten des Wirtschaftswachstums der entwickelten kapitalistischen Staaten im Konjunkturverlauf in der Nachkriegsperiode ständig zurückgegangen sind, sondern daß in der Hochkonjunktur die höchsten Raten immer niedriger und in der Rezession der wirtschaftliche Abschwung immer tiefer wurden. Heute wird bei 3 % Wachstum schon fast von Hochkonjunktur gesprochen, während man sich noch vor drei Jahrzehnten bei dieser Zahl um die Wirtschaftsentwicklung Sorgen gemacht hätte. Vertreter von Regierungen und andere staatlichen Stellen sind heute schon froh, wenn es keine Rezession gibt.

Richtig wäre die heute landauf und landab vertretene These, daß dieser Wachstumsrückgang vor allem auf die mangelnde Anpassung an die transnationale Konkurrenzfähigkeit zurückgeht, wenn nachgewiesen würde, daß es für die angeblich nicht angepaßten und daher zurückbleibenden Tätigkeiten im Fall der Anpassung auf den Weltmärkten tatsächlich Raum für zusätzliche Entfaltung gibt. Oder daß die erfolgreich transnationalisierten Tätigkeiten in der EU expansionsfähig wären, wenn sie nicht auf die genannten Verkrustungen stießen – wenn also die geforderte »Durchlüftung« der EU-Ökonomien auf eine weltweit bisher nicht befriedigte Nachfrage stoßen könnte, deren Ausnutzung eben in der EU zusätzliche Arbeitsplätze schaffen würde.

Aber angesichts der Tatsache, daß die EU ohne Berücksichtigung des zwischenstaatlichen Außenhandels auf dem europäischen Binnenmarkt ähnlich wie die USA einen tatsächlichen Außenhandelsanteil von nur 10% am Bruttoinlandsprodukt aufweist, sind zusätzliche Wettbewerbsvorteile gegenüber Staaten außerhalb der EU kurz- wie mittelfristig kaum zu erwarten. Vor allem: Diese Wettbewerbsvorteile müßten gegenüber den USA gewonnen werden, da von den 10% effektiven EU-Außenhandels ein wesentlicher Teil dorthin fließt oder dort herstammt und sich außerdem dieser Anteil in den letzten Jahren relativ konstant gehalten hat.

2.2.2 *EU-Direktinvestitionen und transnationale Konkurrenzfähigkeit*

Wenn die fehlende Entwicklungsdynamik der EU tatsächlich auf mangelnde Wettbewerbsfähigkeit zurückzuführen wäre, bliebe ein Phänomen völlig unerklärlich: die Zunahme der Direktinvestitionen in der EU, die andere EU-Nationen zum Ursprung haben.

Der enorme Umfang an Direktinvestitionen hat wesentlich dazu beigetragen, den Binnenmarkt in der EU zu vertiefen und gleichzeitig auf Gemeinschaftsebene die wirtschaftliche Konzentration zu erhöhen:

> In einer neueren Untersuchung, die für die Mitteilung der (EU-) Kommission über die Wirkung und Wirksamkeit der Binnenmarktmaßnahmen durchgeführt wurde, wird die allgemeine Tendenz zu verminderter Konzentration auf den nationalen Märkten bei gleichzeitiger erhöhter Konzentration auf Gemeinschaftsebene hervorgehoben. Diese Tendenz entspricht einem schärferen, grenzüberschreitenden Wettbewerb, der mit einer gewissen Umstrukturierung auf Gemeinschaftsebene einhergeht. (EU, BWP 1996, S. 13)

Dies heißt nichts anderes, als daß die europäischen transnationalen Konzerne in den einzelnen EU-Staaten ihren

Produktionsanteil auf Kosten der nationalen Produzenten stetig erweitern. Dies geschieht nicht in der Weise, daß sie als ausländische Unternehmen für den lokalen Markt produzieren, sondern daß neue, auf transnationaler Ebene integrierte Produktionsstrukturen errichtet werden. Folglich ist mit der Zunahme der Direktinvestitionen innerhalb der EU auch der Binnenmarkt vertieft worden. Zwischen 1985 und 1995 ist der Anteil der innergemeinschaftlichen Einfuhren an sämtlichen Einfuhren von Verarbeitungserzeugnissen von ca. 61% auf 68% gestiegen. Diese Intensivierung des innergemeinschaftlichen Handels ist jedoch nicht auf Kosten von Herstellern in Drittländern, sondern derjenigen der einheimischen Hersteller erhöht worden. »Die Vollendung des Binnenmarkts und die Globalisierung haben frühere Beschaffungsmuster und Marktstrukturen grundlegend verändert und läuten eine von Wettbewerbsdruck gekennzeichnete Zeit an.« (EU, ebd.)

Mangels expansionsfähiger Außenmärkte, die infolge der asiatischen Krise im Jahre 1997 noch zusätzlich eingeengt wurden, könnte sich eine zusätzliche transnationale Expansionsfähigkeit nur darin effektiv niederschlagen, daß die einzelnen Nationen der EU gegenseitig verstärkt auf ihren inneren Märkten konkurrieren. Für einzelne EU-Nationen würden sich daraus möglicherweise Vorteile ergeben, vorausgesetzt, es handelte sich um einen Prozeß, der sich über alle ihre Wirtschaftszweige erstreckt – was angesichts der zuvor formulierten These zur transnationalen Organisation der Produktion innerhalb der EU unwahrscheinlich, wenn nicht unmöglich ist.

Was für die Zukunft gilt, kann auch Gültigkeit für die Vergangenheit beanspruchen: Die unbefriedigende Wachstumsrate und mangelnde Arbeitsplatzschaffung in der EU können nicht darauf zurückgeführt werden, daß nicht alle Wirtschaftszweige transnational konkurrenzfähig sind. Denn selbst bei erhöhter transnationaler Konkurrenzfähigkeit existiert auf den Weltmärkten nicht genügend Raum, in dem diese sich niederschlagen könnte. Vielmehr muß die anhaltende Stagnationstendenz in der EU als Folge einer durch die besonderen Formen der Transnationalisierung bewirkten Benachteiligung jener Produktions- und Beschäftigungsverhältnisse gesehen werden, die lokal und regional expandierender Märkte bedarf, um sich zu entfalten. Anders ausgedrückt: Der Grund dafür, daß die EU-Ökonomie nicht in erforderlichem Umfang wächst und deshalb nicht genügend Arbeitsplätze schafft, ist nicht der, daß sie sich der transnationalen Konkurrenz nicht stellt, sondern daß die Transnationalisierung die Lebensgrundlagen lokal und regional verhafteter Produktionsstrukturen untergraben hat.

Die Niederlande erlebten als einziger EU-Staat in den neunziger Jahren ein Beschäftigungswunder. Aber dieses vollzog sich, wie in den USA, nicht in transnationalisierten hochwertigen Produktionstätigkeiten, sondern schuf allein niedrig bezahlte Arbeitsplätze in lokalen Produktions- und Dienstleistungsbereichen. Diese zwei Beispiele widersprechen der These, die allgemeine Wirtschaftsdynamik könnte in der EU ausschließlich bei zunehmender transnationaler Wettbewerbsfähigkeit wiederhergestellt werden.

Für die Währungsunion folgt daraus, daß möglicherweise nur die großen transnationalen Unternehmen tatsächlich von ihr profitieren, solange sich der einseitige Prozeß der Transnationalisierung, auf dem sie beruht, fortsetzt. Die Mehrheit der wirtschaftlich tätigen Menschen ginge leer aus oder erlitte immer weitere Nachteile. Das sind sicherlich keine günstigen Voraussetzungen, um die Währungsunion und den Euro langfristig in der EU sehr beliebt zu machen.

2.2.3 Die Preisentwicklung

Statt auf eine ökonomisch gesunde Entwicklung hinzuweisen, könnten die niedrigen Inflationsraten den relativen und sogar absoluten Preisrückgang einzelner Massenkonsumgüter – z. B. Nahrungsmittel, Energie, Kleidung usw. – widerspiegeln, der weniger durch Produktivitätsfortschritte als durch die weltweit zunehmende Ausbeutung von Arbeitskraft und Natur möglich wird. Und der mit dem Preisverfall die Arbeits- und Einkommensgrundlagen der Menschen untergräbt, die in der EU von dieser verschärften Ausbeutung dank der (noch) vorhandenen rechts- und sozialstaatlichen Vorkehrungen einigermaßen geschützt sind. Die niedrigen Inflationsraten wären also mit den globalen gesellschaftlichen Verhältnissen verbunden, die mit der verschäften Ausbeutung auch Armut und Arbeitslosigkeit in der EU verursachen. Unfähig, den sozialen Hintergrund einer derartigen Preisstabilität im einzelnen zu erkennen, könnte die Währungsunion dazu beitragen, den auf Ungerechtigkeit und ökonomischer Rückständigkeit aufbauenden globalen Preiswettbewerb und -verfall zu festigen und seine negativen Folgen in der EU zu reproduzieren. Hinter diesem Phänomen könnten sich jedoch die beschriebenen Wirkungen des globalen Wettbewerbs verbergen, auf deren negative Auswirkungen schon hingewiesen wurde: Statt tatsächlicher Preisstabilität könnten die rückläufigen Inflationsraten auf eine durch den transnationalen Wettbewerb erzeugte Preisdeflation der Massenkonsumgüter zurückführbar sein, die langfristig mindestens ebenso katastrophale Konsequenzen haben kann wie eine hohe Inflation. Wenn die Währungsunion ihre Grundlage in einer Preisdeflation hat, könnten von Anfang an krasse Fehlentwicklungen unvermeidlich sein.

Zwischen 1961 und 1973 lag die durchschnittliche Inflationsrate in den heutigen 15 EU-Staaten bei 5,2%. Im darauffolgenden Jahrzehnt stieg sie auf 10,6% an, und ab 1985 begann sie dann wieder zu fallen. Sie erreichte zwischen 1991 und 1996 nur noch 3,2%. Zentralbankpräsidenten und andere Bürokraten beglückwünschen sich nun zu den »historisch niedrigsten Inflationsraten« in Europa seit Menschengedenken und versprachen, daß die Inflation auch in der Zukunft unter Kontrolle gehalten wird.

Wie aber sollen diese Versprechungen gehalten werden können, wenn der Inflationsrückgang tatsächlich nur das Ergebnis einer Entwicklung ist, bei der sich die Preise der in den Preisindizes gemessenen Waren und Dienstleistungen relativ zu den transnational hochwertigen Gütern so verschlechtert haben, daß die Preisstabilität nur Makulatur ist? Und wenn daraus folgte, daß zur Verbesserung der allgemeinen Wirtschaftsdynamik eine Verbesserung dieser relativen Preise, also eine nach den üblichen Methoden gemessene Inflationsrate, erforderlich wäre, die weit über dem heutigen Stand liegt? Würde dann die Währungsunion mit ihrer einseitigen Fixierung auf Preisstabilität nicht in einen fundamentalen Konflikt mit den Notwendigkeiten der Beseitigung der Arbeitslosigkeit und Wiedergewinnung wirtschaftlicher Expansionsfähigkeit geraten? Es spricht alles dafür, diese Frage zu bejahen.

2.2.4 *Der Anschein des Kapitalüberflusses*

Die Weltwirtschaft verfügt über ein fast unerschöpfliches Reservoir an Kapital. Die Expansionsfreude der Unternehmen muß nicht an Kapitalmangel scheitern, sie können es sich auf den weltweiten Aktien- und Anleihemärkten verschaffen. So lautet jedenfalls die Schlußfolgerung von Jackson (1997), der fast als einziger dieses Thema publizistisch aufgegriffen hat. Die Schlußfolgerung scheint sich analog auch auf Staaten übertragen zu lassen angesichts einer ausufernden Staatsverschuldung.

Die internationalen Geld- und Kreditmärkte haben sich tatsächlich in den letzten 20 Jahren fast explosionsartig ausgedehnt, und auch die inländische Kreditgewährung nahm zu. Allen voran hat in den letzten Jahren die Staatsverschuldung zugenommen. Wo immer ein zahlungsfähiger Schuldner in Erscheinung tritt, tummeln sich die Investmentgesellschaften und Banken, um das von ihnen verwaltete Geldvermögen an den Mann zu bringen. Mit spekulativen Anlagen ist heute soviel Geld zu machen, daß inzwischen darüber nachgedacht wird, ob der Kapitalismus nicht eine neue Quelle des Reichtums, nämlich die ständig steigenden Aktienwerte, geschaffen habe (Edmunds).

Derartige Illusionen mögen der Bereicherung einer kleinen Gruppe von Kapitalbesitzern zu gutem Gewissen verhelfen. Sie könnten sich bei der nächsten Börsenkrise verflüchtigen. Auch die europäische Währungsunion wäre davon betroffen. Denn die Einzelstaaten müssen ihre Finanzprobleme selbst lösen und können im Fall einer Verschuldungskrise nicht auf die Hilfe der anderen Nationen zurückgreifen. Die Einzelstaaten haben sich selbst um ihre Bonität auf den internationalen Geld- und Kapitalmärkten zu kümmern, eine kollektive Verpflichtung zur Übernahme von Zahlungen besteht nicht. Wie könnte unter diesen Umständen die Währungsunion überleben, wenn im Falle einer internationalen Finanzkrise die zur Refinanzierung der fälligen Zahlungen notwendigen Kredite ausblieben und somit die Krise nicht aufgrund fehlender Bonität, sondern einfach aus Mangel an Kapital in die betroffene EU-Nation unmittelbar hineingetragen würde?

Weltweit besteht trotz einiger Börsen-, Währungs- und Bankenkrisen anscheinend kein Kapitalmangel. Doch der Schein könnte trügen. Tatsächlich haben sich die Ersparnisse in den Industrienationen seit Jahren rückläufig entwickelt – folglich auch die Kapitalbildung (vgl. hierzu Kap. 5). Aber das Kapital ist mobil wie nie zuvor. Enorme Geldkapitalbewegungen, sogenannte Portefeuilleumschichtungen riesigen Ausmaßes, finden täglich statt. Die Suche nach kurzfristigen Kursgewinnen treibt die weltweiten Börsen an und bestimmt die Zinssätze. Das akkumulierte Sparvermögen erreicht Rekordhöhen, die Bürger der Staaten der EU sind heute im Durchschnitt so reich wie noch nie.

Aber dieses Kapital steht nur einem exklusiven Kreis von Unternehmen, darunter Banken, und Staaten zur Verfügung. Die Mehrheit der kapitalhungrigen Staaten und Unternehmen weltweit hat keinen Zugang zu den globalen Finanzmärkten. Darüber hinaus ist soviel Kapital in der Spekulation selbst gebunden, daß jeder umfangreichere Rückzug aus diesem Kreislauf eine globale Finanzkrise verursachen und sich der Anschein des Kapitalüberflusses in kurzer Zeit verflüchtigen würde.

Während die Akkumulation von Realkapital abnimmt – der Anteil der Anlageinvestitionen ist in den letzten Jahren in der EU beträchtlich zurückgegangen –, nimmt nicht nur die Akkumulation von Geldkapital, sondern vor allem von fiktivem Kapital rasant zu. Der Marktwert von Anteilstiteln an Unternehmen aller Art hat eine von der Produktion weitgehend losgelöste Entwicklungsdynamik erhalten. An den internationalen Börsen und innerhalb der transnationalen Finanzmärkte werden stetig größere Geldbeträge im Austausch für solche Anteilstitel investiert. Ihr Kurs ist trotz des schwachen realen Wirtschaftswachstums in die Höhe geschossen. Dieser Zunahme entspricht jedoch keine reale Produktionserweiterung.

Auch in dieser Frage sind die Abkommen zur Währungsunion naiv gegenüber den tatsächlichen Tendenzen der Globalisierung. An keiner Stelle sind institutionelle Vorkehrungen getroffen, um der Europäischen Zentralbank eine entscheidende Einflußnahme oder wenigstens Kontrollmöglichkeit über die globalen Geld- und Kapitalmärkte zu verschaffen. Gar nicht erst vorgesehen ist, die Verwendung des dort zirkulierenden Kapitals zu beeinflussen. Die Währungsunion verzichtet explizit darauf, weil die Kapitalexpansion angeblich durch solche Kontrollen gestört würde. Sie zeigt hiermit eine weitere ihrer einseitig zugunsten der transnationalen Expansion geprägten Facetten.

2.3 Die Entwertung der Arbeit und die Einkommenskonzentration

Dem anscheinenden Kapitalüberfluß steht in der EU ein offenkundiger Mangel an Arbeitsplätzen gegenüber. Viele neue Arbeitsplätze sind in der EU seit 1960 nicht geschaffen worden. Zwischen 1961 und 1973 stieg die Anzahl der Arbeitsplätze um knappe 0,3 % jährlich, zwischen 1974 und 1985 stagnierte sie, und zwischen 1986 und 1990 erhöhte sie sich um 1,3 %. Auch hier setzte ab 1991 das Debakel ein: In den Jahren 1991 bis 1996 ist die Beschäftigung in der Gemeinschaft um durchschnittlich 0,5% jährlich gesunken, so daß seit 1990 insgesamt 4,5 Millionen Arbeitsplätze verlorengingen (JWB 1997, S. 15). Die Beschäftigungsquote, d. h. der Anteil der Beschäftigten an der Bevölkerung im erwerbsfähigen Alter, ist zwischen 1960 und 1995 um 8% zurückgegangen, während sie in den USA um 10% gestiegen ist. Darin spiegelt sich zwar die Notwendigkeit von immer mehr Menschen – z. B. Rentnern, mittellosen Alten, Jugendlichen im Erziehungsalter usw. –, für die Sicherung ihres Lebensunterhalts arbeiten zu müssen, was in der EU durch die noch funktionierenden Sozialversicherungs- und Ausbildungssysteme bisher vermieden wurde. Die angeblich so reichen USA gönnen offenbar immer weniger Menschen den Luxus, ohne Erwerbsarbeit überleben zu können. Auch für die EU wird immer mehr gefordert, mit dieser Arbeitskraftverschwendung Schluß zu machen. Bliebe es bei der bisherigen Arbeitsmarktentwicklung, würde die Umsetzung dieser Forderung katastrophale soziale Folgen haben.

Analysiert man die Details der statistischen Zahlen, so zeigt sich: Hinter den unbefriedigenden Beschäftigungsindikatoren in der EU verbirgt sich ein wirtschaftlicher Strukturwandel, der die Gesellschaften von Grund auf umgestaltet. Es geht dabei nicht nur um die Sicherung der Gewinnmöglichkeiten von spekulativem und fiktivem Kapital. Vielmehr besteht dieser Wandel im Aufbau stark konzentrierter transnationaler Produktions- und Dienstleistungsstrukturen, die einer gesellschaftlichen Minderheit enorme Profitmöglichkeiten bietet, während sie die Arbeit der Bevölkerungsmehrheit entwertet oder gar unmöglich macht. Die »globale Arbeitsplatzkrise« (Marshall) hat sich auch in den EU-Staaten ausgebreitet.

Europa geht nicht die Arbeit aus, und die Arbeit wird entgegen den Annahmen von Forrester (1997) nicht überflüssig. Die Entwertung der Arbeit ist das Ergebnis der ungebändigten Kraft des weltweit anlagefähigen und mobilen Kapitals, das sich nur dort niederläßt, wo es die höchsten Renditen erhält. In der Konkurrenz um die höchsten Kapitalrenditen gerät die weltweit verfügbare Arbeit ins Hintertreffen – bis hin zu einer in entwickelten Industriegesellschaften in der Nachkriegszeit nie dagewesenen Informalisierung der Arbeitsbeziehungen, die wegen der damit einhergehenden Ausfälle von Steuereinnahmen und Sozialversicherungsbeiträgen die staatlichen Finanz- wie die Sozialversicherungssysteme mit in den Ruin treibt.

Um so gravierender ist, daß die Staaten der EU allesamt darum bemüht sind, ihre jeweiligen nationalen Bedingungen für den transnationalen Konkurrenzkampf zu verbessern. Nutznießer davon sind nicht alle wirtschaftlich tätigen Menschen, sondern nur jene, die technologische Spitzenpositionen innehaben und/oder spekulativ ihren monetären Reichtum erhöhen können. Alle anderen dagegen werden einem ruinösen Weltwettkampf ausgesetzt, der ihre bisherigen Lebensgrundlagen untergräbt.

Die Entwicklung der Produktivitätsindikatoren – sie messen die Effizienz des Einsatzes sogenannter »Produktionsfaktoren« – zeigt, wie weit die gesellschaftliche Heterogenisierung fortgeschritten ist: Zwischen 1969 und 1995 hat sich die Gesamtproduktivität in den EU-Staaten knapp verdoppelt. Aber: Die Arbeitsproduktivität hinkt der Kapitalproduktivität weit hinterher. Ein massiver Prozeß der Substitution von Arbeit durch Kapital, also von Rationalisierungsinvestitionen, hat stattgefunden und nimmt an Tempo zu.

Das bedeutet: Kapitalintensive Unternehmen haben

gute Chancen, auch die höchsten Gewinne zu erzielen. Sie können dann auch der Börse gute Signale geben und haben keinerlei Schwierigkeiten, billig und schnell zusätzliches Kapital für ihre Expansionspläne oder Unternehmensübernahmen und -fusionen aufzunehmen. Arbeitsintensive Unternehmen können sich hohe Löhne und Gehälter nicht leisten, ihre Gewinne sind niedrig, und sie haben durchweg Schwierigkeiten bei der Aufnahme von Fremdmitteln für die Finanzierung ihrer Geschäfte und ihrer Investitionen.

Die Kapitalbesitzer und die in komplexen, transnational organisierten Produktions-, Dienstleistungs- und Finanzunternehmen in Führungspositionen Tätigen triumphieren – die auf durchschnittliche Arbeit angewiesenen Gesellschaftsgruppen haben das Nachsehen. Denn während den Kapitalbesitzern durch geeignete Strategien immer neue Anreize für fiktive oder spekulative Investitionen, und damit für zusätzliche persönliche Einnahmequellen, geboten werden, gehen die Einkommen der in Bereichen der »Niedrigwertproduktion« Arbeitenden zurück. Die Transnationalisierung hat auch in allen EU-Staaten eine heterogene, sozial stark segmentierte Gesellschaft wiederhergestellt.

Das Argument gegen die Arbeit, wie Forrester eindringlich beschrieben hat, lautet immer, sie müsse sich mit einer niedrigeren Entlohnung zufriedengeben, damit das Kapital wettbewerbsfähig bleibe. Sie müsse eine höhere Qualifikation besitzen, um technologisch komplexe Prozesse schneller zu beherrschen. Mangelnde Produktivität wird den Arbeitern und Angestellten, die im Produktionsprozeß überflüssig werden, vorgeworfen. Verschwiegen wird, daß angesichts der Kapitalkonzentration in den technologisch fortgeschrittenen Wirtschaftsaktivitäten der erfolgreiche transnationale Wettbewerb die Entwertung der Arbeit nicht nur selbst herstellt, sondern auch zu seiner permanenten Voraussetzung macht.

Die gesellschaftlichen Folgen sind leicht zu orten: Neben einer hohen Arbeitslosigkeit ist in einigen Staaten der EU die Einkommensungleichheit heute so groß wie kaum zuvor im 20. Jahrhundert. Und tendenziell nimmt sie stetig zu. Die Grundlagen eines hohen Lebensstandards sind weiterhin gegeben. Während sich jedoch eine kleine Gruppe von Menschen in zunehmendem Maße bereichert, geht die Mehrheit bei der Verteilung des neugeschaffenen Reichtums leer aus.

So nimmt angesichts stagnierender oder sogar fallender Nettolöhne, vor allem aber wegen der ungleichen Vermögensverteilung der Einkommensanteil der oberen 5 % der Gesellschaft seit Jahren systematisch zu. Der Anteil der niedrigen Einkommensschichten nimmt entsprechend relativ und teilweise auch absolut ab. Für die Bundesrepublik Deutschland berichtete das Deutsche Institut für Wirtschaft, daß 1997 ein Drittel des gesamten Nettogeldvermögens von rund 4,3 Billionen DM auf nur 6 % der 28 Millionen deutschen Haushalte entfiel.

Weniger als drei Prozent der deutschen Bevölkerung verfügen über ein Vermögen, das größer ist als die Summe aller Vermögen der unteren siebzig Prozent. Bezieht man die Verteilung auf die Anteile an Produktiv- und Unternehmensvermögen, fällt die Diskrepanz noch extremer aus; nur sechs Prozent der deutschen Haushalte besitzen überhaupt Aktien. Das Börsenkapital der wichtigsten Unternehmenswerte hat sich in den letzten sechs Jahren nahezu verdreifacht, die Nettolöhne der Arbeitnehmer haben im selben Zeitraum im Schnitt um 8 Prozent zugenommen. Und die Menge der Sozialhilfeempfänger ist in den vergangenen fünfzehn Jahren ... etwa auf das Zweieinhalbfache gestiegen. (Zielcke)

Die Disparitäten zwischen Armen und Reichen sowie zwischen Gewinn- und Arbeitseinkommen haben sich also extrem vergrößert (vgl. DIW WB 48/97). Für Großbritannien wurde 1997 berichtet, daß die Einkommens- und Vermögensverteilung ungleicher als je zuvor in diesem Jahrhundert gewesen ist (*The Times*, 4. 1. 1997). Das soziale Modell der Nachkriegszeit ist auch in den meisten anderen EU-Staaten aufgegeben worden (Vinocur 1997).

In den EU-Staaten wird die soziale Polarisierung immer ausgeprägter. Einträgliche Beschäftigungsmöglichkeiten und der Lebensstandard gehen weder in der EU noch anderswo generell zurück. Darunter leiden nur diejenigen, die sich nicht in kapitalintensiven Prozessen verdingen oder durch Kapitalbesitz vom steigenden Anteil der Gewinne am Inlandsprodukt profitieren können – z. B. Jugendliche und die Mehrheit der Beschäftigten in kleinen und mittleren Betrieben sowie die große Mehrheit der neuen Selbständigen.

2.4 Finanzmärkte; öffentliche Verschuldung

Die Beschäftigung stagniert, die Finanzmärkte expandieren. Die Arbeit wird entwertet, die Finanztitel feiern Kursrekorde. Seit Mitte der achtziger Jahre sind die Finanzmärkte schneller als der Welthandel und die Weltproduktion gewachsen. Sie haben sich immer mehr von staatlichen Steuerungsversuchen verselbständigt. Sie bestimmen die Wechselkurse zwischen den Währungen, und jene althergebrachte Theorie, nach der sich die Wechselkurse durch die Entwicklung der Preisniveaus in den jeweiligen Nationen bilden, ist obsolet geworden. Aber auch jene Vorstellung kann aufgegeben werden, wonach die Zentralbanken das Zinsniveau bestimmen – schon gar nicht das in Maastricht als Konvergenzkriterium festgelegte Zinsniveau langfristiger Staatspapiere. Diese

Aufgabe übernehmen die Finanzmärkte. Nicht die Geldentwicklung, sondern die Nachfrage nach solchen Staatstiteln ist zum entscheidenden Faktor der langfristigen, in vielen Fällen auch der kurzfristigen Zinsentwicklung in den europäischen Nationalstaaten geworden.

Parallel zur rasanten Expansion der Finanzmärkte ist in allen EU-Staaten die Staatsverschuldung in die Höhe gesprungen. Nach dem Maastricht-Kriterium darf die gesamte Staatsverschuldung der an der Währungsunion teilnehmenden Staaten 60% des Bruttoinlandsprodukts nicht übersteigen. Als klar wurde, daß die Währungsunion tatsächlich 1999 beginnen würde, wendeten die verschiedenen Staaten unterschiedliche Tricks zur Senkung ihrer Schulden an. Es wurden Sondersteuern erhoben, um kurzfristig die Einnahmen zu erhöhen, Schulden der Sozialversicherung wurden umgebucht, in Deutschland versuchte der Finanzminister durch Neubewertung der Goldreserven der Bundesbank zusätzliche Einnahmen zu erzielen. In allen Nationen wurden staatliche Unternehmen privatisiert, in Deutschland die Telekom, Lufthansa und anderes Staatseigentum – kaum ein Staat, der diesem Beispiel nicht gefolgt wäre.

Doch läßt man diese z. T. rein statistischen Manipulationen beiseite, so zeigt sich eine dramatische Zunahme der Staatsverschuldung zwischen 1990 und 1996 (vgl. DIW 40/96). Einen der größten Sprünge machte, vereinigungsbedingt, wie immer behauptet wurde, die Bundesrepublik Deutschland. Hier stieg die öffentliche Bruttoschuld von 45% auf 64%, dicht gefolgt von Frankreich, dessen Schulden von 40% auf 60% des Bruttoinlandsprodukts stiegen. In Italien sprangen die öffentlichen Schulden von 106% auf 123%, in Schweden von 44% auf 83%, in Spanien von 50% auf 73%, während sie im Musterland Niederlande konstant blieben, allerdings auf einem, am Maastricht-Kriterium gemessen, bei weitem zu hohen Niveau, nämlich 79%. 1996 gab es kein einziges EU-Mitglied, das die Maastricht-Kriterien erfüllte, während es 1990 noch mindestens 8 waren.

Entsprechend sind die Zinszahlungen der Staaten in die Höhe gegangen. Sie übersteigen in vielen Fällen den Anteil der nach den Konvergenzkriterien zulässigen jährlichen Neuverschuldung der Staaten. In Deutschland wuchs zwischen 1990 und 1996 der Anteil der öffentlichen Zinszahlungen am Bruttoinlandsprodukt von 2,6% auf 3,9%, in Frankreich von 2,9% auf 3,8%, in Italien von 9,6% auf 10,5%, und in Spanien von 3,7% auf 5,3% an. Diese Sprünge fanden ungeachtet der Tatsache statt, daß die rezessive Entwicklung in den EU-Staaten, vor allem aber eine nachlassende staatliche Kreditaufnahme der USA zu einer erheblichen Zinssenkung auf den internationalen Finanzmärkten führte.

Die Zinszahlungen übersteigen also bei weitem die nach dem Maastricht-Kriterium mögliche Neuverschuldung. Die Konsequenz ist leicht einzusehen: Da nicht einmal die Zinszahlungen durch Neuverschuldung refinanziert werden dürfen, weil sie das Limit übersteigen, sehen sich die Staaten gezwungen, unter Abzug der Zinszahlungen einen Haushaltsüberschuß zu erzielen. Kommt es auf den internationalen Finanzmärkten zu Zinserhöhungen, dann wird sich der Druck auf die öffentlichen Haushalte verstärken, ohne daß sie in der Lage wären, sich zusätzlich zu verschulden. Die erhoffte Verbesserung der Staatsfinanzen als Folge des langersehnten konjunkturellen Aufschwungs könnte sich dann als Illusion und schwerwiegende Fehleinschätzung erweisen.

2.5 Die Transnationalisierung der europäischen Konzerne

Nirgends wird der Prozeß der Transnationalisierung deutlicher als im Umfang der Investitionen der einzelnen Unternehmen in verschiedenen Nationen und der entsprechend angepaßten Unternehmensstruktur. Der Grund: Eine historisch einzigartige Kapitalkonzentration, die längst die nationalen Grenzen überwunden hat und sich immer mehr weltweit – sprich: transnational – konsolidiert.

Die großen Unternehmen verlassen sich heute nicht mehr auf die nationalen Produktions- und Absatzkapazitäten. Durch Fusionen und Übernahmen entsteht deshalb innerhalb der EU-Staaten eine neue transnationale Wirtschaftsstruktur, bei der ursprünglich nationale Unternehmen europaweite Produktions- und Dienstleistungsstrukturen errichten, um innerhalb der EU ihre Marktanteile zu sichern bzw. auszudehnen.

Um überhaupt wettbewerbsfähig zu bleiben, organisieren sie sich sowohl in der Produktion als auch im Absatz europaweit. In vielen Fällen geht diese Tendenz des europäischen Kapitals weit über Europa hinaus, so wie auch das US-Kapital sich immer mehr europäisiert bzw. in Asien vordringt und das japanische Kapital eine ähnliche Entwicklung vollzieht. Als Bürger eines Staates bleiben die Eigentümer dieses Kapitals natürlich nationalstaatlich identifizierbar; als Kapitaleigentümer haben sie längst ihre nationalen Bindungen aufgegeben.

Schien es zu Beginn des Jahrzehnts noch so, als würde es hierbei um einen Prozeß zur Erlangung einer transnationalen »Systemführerschaft« gehen, bei der die einzelnen Großkonzerne Spitzenpositionen in den wichtigsten technologischen Prozessen im Bereich allgemeiner

Prozeß- und komplexer Produkttechnologien erreichen wollten, scheint sich heute eher die Tendenz der Spezialisierung durchzusetzen. Doch welches das Ziel auch sei, ob Konzentration auf das »Kerngeschäft«, Eintritt in neue Märkte, Verbesserung der Aneignung fremden Know-Hows oder »Aufgabenzentralisierung« – weltweit akquirieren europäische Konzerne neue Beteiligungen verschiedenster Art, um ihr weltumspannendes Eigentumsnetz zu erweitern. Für alle »strategischen« Wirtschaftszweige lassen sich Dutzende von Beispielen aus jüngster Zeit nennen.

2.5.1 Sektorielle Beispiele

Automobilindustrie

Die Automobilindustrie ist trotz aller Abgesänge die »Paradeindustrie« geblieben. Dazu gehört die Produktion von Kraftwagen und deren Motoren, die Herstellung von Anhängern, Aufbauten, Containern sowie KFZ-Teilen und -Zubehör. 1995 erreichte sie einen weltweiten Umsatz von über 1500 Mrd. DM, weit vor der Elektroindustrie mit ca. 1300 Mrd. Die Automobilindustrie beschäftigt weltweit ca. 3 Mio. Menschen und erreicht einen Anteil an der Weltproduktion von ca 13%. Innerhalb der EU – die mit 12 Mio. PKW den größten Markt der Welt für Personenwagen und auch den bedeutendsten Herstellerstandort darstellt – entfallen auf die Automobilindustrie etwa 10% des gesamten Umsatzes, und sie erreicht damit den dritten Platz nach der Nahrungs-, Getränke- und Tabakindustrie und der Chemischen Industrie. Mit 1,6 Mio. Beschäftigten war sie in der EU der viertgrößte Arbeitgeber der verarbeitenden Industrie. (Bonder/Student 1997, S. 323ff.)

Gegenwärtig gibt es weltweit noch 28 Automobilhersteller, von denen 12 fast 75 % der Produktion auf sich vereinigen: »ein enormer Konzentrationsgrad« (ebd., S. 325). Tendenziell gehen Experten jedoch davon aus, daß nur vier große transnationale Konzerne im weltweiten Wettkampf überleben werden. Die großen Konzerne machen sich gegenseitig alle Marktsegmente streitig, weil sie nur so die Expansion der anderen, und damit den eigenen Niedergang verhindern können. Folglich sind sie dazu übergegangen, ihre Produktionspalette systematisch auszubauen und Dutzende von verschiedenen Modellen, deren Entwicklungskosten Milliarden verschlingen, auch in die kleinsten Marktnischen hineinzupressen:

> Der zunehmende Trend zur Globalisierung in der Autoindustrie zwingt die Unternehmen dazu, nur die Großen der Branche haben aber die finanziellen Mittel, auf Dauer mitzuhalten. Es wird erwartet, daß in einigen Jahren nur noch wenige Gruppen weltweit eine Rolle spielen und das ganze Produktspektrum vom Kleinwagen bis zur Luxuslimousine und zusätzlich zu den Nutzfahrzeugen abdekken werden: General Motors, Ford, Toyota und Volkswagen, mit Einschränkungen auch Daimler-Benz und BMW. Andere Hersteller wird es noch geben, sie werden aber entweder nur regional eine Rolle spielen wie Fiat oder hauptsächlich bestimmte Segmente abdecken. (Bläske)

Die transnationale Expansion durch Direktinvestitionen, Fusionen und Übernahmen im Automobilbereich sowie die zwischen den verschiedenen Konzernen geschlossenen Kooperationsabkommen geht daher rasant voran. Es gibt inzwischen keinen einzigen europäischen Automobilhersteller, dessen Zulieferketten national beschränkt wären. Alle Unternehmen dieses Produktionsbereichs besitzen eine transnationale Konzernstruktur, haben transnationale strategische Allianzen abgeschlossen und ihre Zulieferer entsprechend organisiert. Folglich ist es auch in der Zulieferindustrie zu einer rasanten Konzentration gekommen (vgl. Simonean).

Unter den vielen Beispielen des transnationalen Wettbewerbs und der dadurch ausgelösten Konzentration ist eines besonders erhellend: Kaum hatte der britische Rüstungskonzern Vickers den Verkauf von Rolls Royce bekanntgegeben, begann zwischen BMW und VW ein harter Wettbewerb um die vom Vickers-Konzern angebotene PKW-Produktion. BMW kündigte als Überzeugungsmaßnahme an, seine Lieferung von Motoren für Rolls-Royce einzustellen, wenn das Unternehmen an VW veräußert würde. VW dagegen beteiligte sich am Wettbewerb, um die edlen Kutschen mit eigenen Motoren zu bestücken. Denn: Der Aufbau einer eigenständigen Produktion von Luxuskarossen in Deutschland erschien keinem der beiden Konzerne – völlig unabhängig vom deutschen Lohnniveau – ein gangbarer Weg. Zumal kurz zuvor Mercedes-Benz die Wiederaufnahme der Produktion solcher Luxus-PKWs angekündigt hatte. Denn es ging nicht um Wettbewerb auf einem expandierenden, sondern um eine Konzernexpansion auf einem stagnierenden, wenn nicht schrumpfenden Weltmarkt, bei dem jedoch der eigene Marktanteil ein wichtiges Element des eigenen Überlebens ist.

Wie sich in der Autoindustrie die einzelnen Produktionsstandorte und die Beziehungen der Endproduzenten zu ihren Zulieferern entwickeln werden, ist noch nicht klar erkennbar. Nach einer These zielt die Globalisierung auf die »Auflösung der traditionellen Beziehungen« zwischen Produzenten und Zulieferern, weil zukünftig wesentlich kleinere Unternehmenseinheiten (sog. Profit Centers) nicht nur innerhalb, sondern auch zwischen den einzelnen Konzernen und folglich auch mit unabhängigen Zulieferern werden kooperieren können. Nach dieser

These würde hierdurch die gesamte Beschaffungsstruktur dieser Unternehmen flexibilisiert und den durch die Kapitalkonzentration verdrängten Unternehmen auf lokaler oder regionaler Ebene wieder neue Marktzutrittschancen gegeben werden (Bonder/Student, S. 339).

Demgegenüber steht eine zunehmende Zentralisation der Forschungs- und Designcenter, die unabhängig von ihrer Konzentration an nur wenigen Orten auch durch Vernetzung der Informations- und Kommunikationssysteme hergestellt wird. Ebenso deuten die enorme Konzentration der Vertriebssysteme, vor allem europäischer Hersteller, und die zunehmende Gängelung der Vertriebshändler durch einzelne Konzerne darauf hin, daß bei den transnationalen Automobilherstellern keineswegs an zunehmende Flexibilisierung gedacht wird. Ihr Versuch, den Ersatzteilmarkt durch Verpflichtung von Reparaturwerkstätten zum ausschließlichen Einbau von Originalersatzteilen zu monopolisieren – der in der EU zu einem Rechtsstreit führte –, zeigt, daß, wenn überhaupt, das flexible Modell Zukunftsmusik ist.

Auf absehbare Zeit scheint alles darauf hinauszulaufen, daß sich weltweit, vor allem aber auf europäischer Ebene, ein stark zentralisierter Konzentrationsprozeß fortsetzen wird. In dessen Verlauf könnten im ersten Jahrzehnt des nächsten Jahrhunderts drei oder vier stark verwobene, z. T. auch miteinander kooperierende, weltweit operierende europäische Automobilkonzerne stehen, die sich mit drei oder vier weiteren transnationalen Konzernen den riesigen Autoweltmarkt untereinander aufteilen. Die einzelnen Produktionsstandorte würden selbstverständlich in unterschiedlichen Nationalstaaten angesiedelt sein. Die Nationalstaaten würden dann die Infrastruktur für transnationale Automobilkonzerne nicht nur herstellen, möglicherweise sogar auch darstellen.

Auch in der europäischen Rüstungsindustrie vollzieht sich, dem Beispiel der USA folgend, ein enormer Konzentrationsprozeß. Dort hat mit aktiver Beteiligung der Regierung eine Serie von Fusionen stattgefunden, aus der drei riesige Rüstungskonzerne hervorgegangen sind, die eng mit der zivilen Produktion verbunden sind: Boeing-McDonnell-Douglas, Lockheed Martin-Northrop Grumman und Raytheon. Bei diesem Prozeß waren zuvor sechs unabhängige Unternehmen in den Lockheed Martin-Konzern eingegliedert worden. Northrop und Grumman fusionierten 1993, Lockheed und Martin Marietta 1995, Westinghouse und Loral vereinigten sich mit je einem der beiden. So entstand das größte Rüstungsunternehmen der Welt, noch vor dem Giganten Boeing-McDonnell, der etwa die Hälfte seines Umsatzes mit Zivilflugzeugen macht. (*Süddeutsche Zeitung*, 3. 11. 1997)

Anders als in den USA hat in Europa der Konzentrationsprozeß transnationale – supranationale – Merkmale. Siemens verkaufte seine gesamte »Wehrtechniksparte« an ein von Daimler-Benz und British Aerospace gebildetes Konsortium. Als Antwort wurde in Frankreich die Beteiligung von Dassault Aerospatiale und der Gruppe Alcatel-Alsthom bei Thompson CSF und damit die Bildung des größten Rüstungselektronik-Unternehmens der Welt bekanntgegeben. Privatisierungsbemühungen von Thompson, an denen zeitweilig auch koreanische Unternehmen beteiligt werden sollten, waren nach langem Hin und Her gescheitert. Doch was bisher geschah, ist nur ein Zwischenstadium:

Jedes Unternehmen, natürlich auch die (deutsche A. S.) Dasa, betreibt eine primär an eigenen Interessen orientierte Politik. Dabei ist man sich jedoch im klaren darüber, daß die europäische Industrie in ihrer gegenwärtigen, vorwiegend aus nationalen Unternehmen bestehenden Struktur langfristig keine Zukunft hat. Dazu der Koordinator der (deutschen A. S.) Bundesregierung, Norbert Lammert: »Die Luft- und Raumfahrtindustrie wird entweder europäisch oder irrelevant.« Die Gründe liegen auf der Hand: Die nationalen Märkte sind zu klein, die nationalen Beschaffungsbudgets sinken oder stagnieren zumindest, hingegen werden Entwicklung und Produktion immer teurer, die Produkte selbst werden technisch immer anspruchsvoller. (Wörl)

Eine »europäische Luft- und Raumfahrtindustrie« heißt aber nichts anderes, als daß noch weitere Fusionen bevorstehen. Denn gegenwärtig befinden sich in Frankreich der Jäger Rafale und in Schweden der »Gripen« als Konkurrenzprodukte in der Erprobung bzw. kurz vor der Produktion. Doch der Markt scheint für drei miteinander konkurrierende Kampfflugzeuge nicht aufnahmefähig zu sein.

Bei den Zivilflugzeugen ist mit Airbus die EU-Flugzeugindustrie schon als Quasi-Monopol aus der Taufe gehoben worden und nach dem Zusammenbruch von Fokker – der eine Lücke für entsprechende Flugzeuge von Boeing geöffnet hat – konsolidiert worden. Um die Airbusproduktion rentabel zu halten, vollziehen sich starke Konzentrationsprozesse in den jeweiligen (noch) nationalen Raum- und Luftfahrtindustrien. Nach den Vorstellungen von DASA-Chef Bischoff soll Airbus zum Mittelpunkt eines einzigen europäischen Konzerns werden, der auch die gesamte Luft- und Raumfahrt miteinschließt: »Der Airbus muß der Kern werden, der militärische Bereich und die Raumfahrt dazu kommen.« (*Süddeutsche Zeitung*, 26. 11. 1997)

Somit wird es auf diesem Markt möglicherweise in nicht allzu weiter Ferne nur noch zwei weltweite Giganten geben. Durch die Fusion von McDonnell-Douglas mit Boeing steht Airbus weltweit nur noch ein einziger außereuropäischer Konkurrent gegenüber. Doch die Tendenzen zu einer globalen Konzentration werden deutlich sichtbar. Obwohl vorerst eine Zusammenarbeit bei der Entwicklung von Flugzeugen mit Kapazitäten von 700 und mehr Passagieren gescheitert ist, ist nicht auszuschließen, daß in den nächsten Jahren, falls Bedarf für derartige Flugzeuge entsteht, zwischen Airbus und Boeing kooperiert wird. Dem würde ein weiterer Schub im transnationalen Konzentrationsprozeß in der gesamten Waffenproduktion folgen.

Andere Beispiele

Telekommunikation: Der Telekommunikationsmarkt ist einer der am schnellsten expandierenden Märkte der Welt (Graack). Äußerlich scheint sich hier eine zu den beschriebenen Konzentrationstendenzen gegenläufige Entwicklung zu ergeben. Die Auflösung der staatlichen Monopole durch die Privatisierung der entsprechenden Staatsunternehmen scheint dem Wettbewerb neue Kräfte zu verleihen. Dieser Schein könnte sich bald in Nebel auflösen: Die privatisierten Unternehmen schließen untereinander nun transnationale Allianzen oder werden von anderen übernommen, während sich die Neuankömmlinge auf dem Markt, vor allem beim mobilen Telefonverkehr, zunächst kleinere Marktsegmente sichern. Anschließend beginnt dann der Übernahme- und Fusionsprozeß.

Zu den globalen Allianzen in diesem Bereich, die oftmals nur ein Zwischenschritt auf dem Weg zur Übernahme oder Fusion sind, gehören (Shillingford):

Concert, mit British Telecom und MCI, Telefónica (Spanien) mit allen lateinamerikanischen Verbindungen, Portugal telecom, Telenor aus Norwegen und Teledenmark (Dänemark);

Global One, mit Telekom (Deutschland), Telekom Frankreich und Sprint und Partner;

World Partners/Unisource, mit AT&T, Telecom Italien, KPN Niederlande, PTT Schweiz, Telia Schweden, Telstra Österreich, Singapore Telecom und andere;

Cable & Wireless, ein Unternehmen mit zahlreichen Niederlassungen in vielen Nationen;

Sita/Equant, das eines der weltweit größten Datenübertragungsunternehmen darstellt, und

Nynex, das mit Bell Atlantic fusionierte und gegenwärtig Anstrengungen unternimmt, um weltweiten Einfluß zu gewinnen.

So sehr auch Sinn und Strategien der einzelnen Allianzen im Telekommunikationsbereich sich voneinander unterscheiden: diese Konglomerate, die z. T. erst kürzlich privatisiert wurden, sind der Ausdruck eines weltweiten Dominanzbemühens auf den internationalen Kommunikationsmärkten. Die nationalen Monopole wurden privatisiert, um die nationalen Märkte angeblich zu liberalisieren. In Vorbereitung ist ein transnationaler Machtkampf zur Monopolisierung der weltweiten Telekommunikation, und zwar unter Führung der riesigen US-Unternehmen, die mit AT&T und MCI alle anderen Unternehmen in der Welt zu mittelgroßen Zwergen werden lassen.

Gas- und Dampfturbinenproduktion: 1997 hat sich der größte deutsche Konzern, Siemens, von seiner Abteilung Dentaltechnik (die weltweit eine Spitzenposition hat) zugunsten einer internationalen Investorengruppe getrennt. Gleichzeitig wurde eine Konzentration auf das medizintechnische Kerngeschäft, das bildgebende und elektromedizintechnische Geräte umfaßt, angekündigt. Wenige Wochen später gab Siemens die Übernahme der Kraftwerkstechnik von Westinghouse aus den USA im Werte von 1,5 Mrd. Dollar bekannt. Diese Akquisition betrifft sämtliche weltweiten Aktivitäten von Westinghouse auf dem Gebiet der Gas- und Dampfturbinen sowie der Dampfkraftwerke für öffentliche, private und industrielle Stromerzeuger und setzt Siemens in die Lage, »aus der Verbindung Westinghouse/KWU einen schlagkräftigen Kraftwerkskonzern zu bauen« (*Süddeutsche Zeitung*, 15. 11. 1997). Mit Produktionsstandorten in Deutschland, USA, China und anderen Staaten kann dieser weltweit seinem Hauptkonkurrenten ABB (ebenfalls ein transnational organisierter europäischer Konzern) Paroli bieten.

Banken und Versicherungen: Im westeuropäischen Bankensystem gibt es schon seit Jahren starke Konzentrationstendenzen. Dennoch: Nach Meinung von Experten ist das Bankensystem in Westeuropa im Vergleich mit den USA viel zu ausgedehnt und daher mit zu hohen Kosten belastet, um transnational wettbewerbsfähig zu bleiben. So kommentierte der IWF-Experte Eichengreen, daß in Westeuropa im Vergleich zu den USA weniger als halb so viele Einwohner auf eine Bank entfallen, jedoch die europäischen Banken 50% mehr Beschäftigte als die amerikanischen haben (*Handelsblatt*, 1.11.97). Im Versicherungs- wie im Bankenwesen kommt also erst jetzt so richtig Schwung in die Konzentrationsbewegung. Dennoch ist dieser Sektor von spektakulären Fusionen und Übernahmen bisher nicht verschont geblieben, die allerdings nicht alle transnationalen, sondern noch nationalen Charakter haben. Allein die Übernahmen und Übernahmeversuche von 1997 sind beeindruckend: In der Schweiz fusionierte die USB mit Credit Swiss zur Swiss Bank, der zweitgrößten Bank der Welt. (Anschließend kursierten Gerüchte einer möglichen Fusion dieses Konglomerats mit der Deutschen Bank.) In Deutschland haben die

Bayerische Vereinsbank und die Bayerische Hypotheken- und Wechsel-Bank die Fusion zur zweitgrößten Geschäftsbank in der Bundesrepublik beschlossen. Nordbanken (Schweden) fusionierte mit Merita (Finnland) zur größten nordeuropäischen Bank. Im Versicherungsgewerbe übernahm vor der Fusion mit USB Credit Suisse die Versicherungsgesellschaft Wintherthur. Zurich Group (Schweiz) stand mit BAT (Großbritannien) in Gesprächen, um deren Finanzabteilung zu übernehmen. Generali (Italien) startete einen feindlichen Übernahmeversuch von AGF (Frankreich). Die deutsche Allianz-Versicherung ist auf dem besten Wege, durch entsprechende Übernahmen zu einem der größten Konzerne Europas zu avancieren. Auch diese Liste ließe sich fortsetzen. (*Financial Times*, 14. 10. 1997)

Was folgt daraus?
Die aufgezählten Beispiele, die noch beliebig ergänzt werden können, zeigen, daß Kapitalkonzentration keineswegs der Logik der einheimischen Kostenstruktur in den verschiedenen Branchen der nationalen Produktions- und Dienstleistungssektoren folgt. Vielmehr handelt es sich bei der enormen Rationalisierung und Intensivierung des Kapitaleinsatzes auch um einen Kampf um die Positionierung der einzelnen Unternehmen auf den Weltmärkten. Es geht nicht einmal mehr um die Ausdehnung eigener Produktionskapazitäten. Wo sie einzeln überleben können, versuchen zwar transnationale Unternehmen, ihre Unabhängigkeit zu bewahren. Wo dies nicht mehr geht, wird transnational fusioniert oder übernommen, gleichgültig ob damit neue Produktions- und Dienstleistungskapazitäten geschaffen werden oder nicht. Der Spekulation werden stetig neue Entfaltungsmöglichkeiten geboten. Die Arbeit wird dagegen konsequent entwertet.

Sinnigerweise wurde das Airbus-Kostensenkungsprogramm, das Tausende von Arbeitsplätzen kostete, »Dolores« benannt.

2.5.2 Transnationalisierung und »Arbeitsplatzexport«

Angesichts der beschriebenen Entwicklung wird deutlich, daß die Ökonomie der EU-Staaten transnationalisiert, auf EU-Ebene also immer mehr integriert wird. Die EU-Kommission feiert dies als ihren Erfolg:

> ... nach Anlaufen des Binnenmarktprojekts Mitte der 80er Jahre ... (ist) die Gemeinschaft sowohl für traditionelle Investorenländer wie die Vereinigten Staaten und Japan als auch für neue Akteure aus Südostasien zunehmend als Zielgebiet attraktiv, da es ihnen darauf ankam, ihre Position auf dem Binnenmarkt zu festigen. Der Abbau nichttarifärer Hemmnisse, die Vereinfachung administrativer Formalitäten, die Aussichten auf eine große und wachsende Nachfrage und die Möglichkeiten zur Erzielung von Skalenerträgen bildeten offensichtlich starke Anreize zum Investieren in der EG. Das Binnenmarktprogramm führte auch dazu, daß die grenzüberschreitenden Direktinvestitionen zwischen einzelnen EG-Mitgliedsstaaten einen bisher noch nicht dagewesenen Umfang erreichten. Der Anteil der innergemeinschaftlichen Direktinvestitionen an den gesamten Direktinvestitionen schnellte von 20% im Jahre 1983 auf 59% im Jahre 1994 hoch. (EG 1997, S. 57)

Doch gerade an dieser Entwicklung entzündet sich eine Polemik: Ob denn nicht der Umfang der Direktinvestitionen »im Ausland« der Beweis sei, daß es im »Inland« keine Anreize für produktive Investitionen gebe und die Unternehmen gezwungen würden, nach rentableren Produktionsstandorten im Ausland zu suchen? Daß also der »Arbeitsplatzexport« ein Ergebnis mangelnder Anpassungsfähigkeit der einheimischen Wirtschaftsstruktur oder Folge hoher Arbeitskosten, insbesondere zu hoher Sozialabgaben sei.

An dieser Frage entzündete sich in Deutschland sogar ein heftiger Streit zwischen dem Arbeitsminister der christlich-liberalen Regierung und einem Unternehmervertreter. Die ständigen Klagen der Unternehmer über das Fehlen geeigneter Rahmenbedingungen für lohnende Investitionen in Deutschland beantwortete die Regierung mit der Aufzählung einer Reihe von Maßnahmen zur Senkung der Lohnnebenkosten. Als unwahr wurde die Behauptung zurückgewiesen, daß ein Export von Arbeitsplätzen stattgefunden habe. Die Statistiken würden klar nachweisen, daß sich die ausländischen Investitionen vor allem auf Fusionen und Übernahmen, weniger auf Schaffung neuer Produktionskapazitäten konzentrierten (*Frankfurter Rundschau*, 4. 1. 98 und 6. 1. 98). Die Schuld für mangelnde Investitionstätigkeit läge deshalb nicht bei der Regierung, sondern bei den Unternehmern.

Die Feststellung war durchaus richtig, aber völlig ungeeignet, die mangelnde Arbeitsplatzschaffung zu erklären. Denn tatsächlich tragen die Direktinvestitionen im Ausland nur wenig zum »Export von Arbeitsplätzen« bei. Aber durch diese Investitionen erhält der Rationalisierungsprozeß erst seine richtige Dynamik. Der Aufbau transnationaler Produktionsstrukturen durch Direktinvestitionen exportiert keine Arbeitsplätze, aber er vernichtet sie sowohl dort, wo die Entscheidung zu Investitionen getroffen, als auch dort, wo sie realisiert werden.

2.5.3 *Richtung und Bedeutung der Direktinvestitionen*

Für die deutschen Direktinvestitionen liegen ziemlich genaue Daten vor. Nach Angaben der Bundesbank setzte sich in der ersten Hälfte der neunziger Jahre die langanhaltende Tendenz fort, Direktinvestitionen in Form der erwähnten Beteiligungen an Holdinggesellschaften zu tätigen. Ende 1995 entfielen fast 30% des Anstiegs des unmittelbaren deutschen Direktinvestitionsbestandes im Ausland und sogar 84% der zwischen 1993 und 1995 neu entstandenen ausländischen Direktinvestitionen auf Beteiligungsgesellschaften (DBB, Mai 1997, S. 67).

Tatsächlich sind die wichtigsten Formen der Direktinvestitionen innerhalb der EU-Staaten die Fusion bzw. Übernahme von Unternehmen oder der Aufbau von Beteiligungen an Holdinggesellschaften. Schon zwischen 1986 und 1993 gab es in der EG eine sogenannte »Übernahmewelle«, die bei ihrem Höchststand 1989/90 einen Betrag von etwa 100 Mrd. Dollar und über 1200 Industrie- und Dienstleistungsunternehmen betraf. 1993 schwächte sich diese Tendenz stark ab, kam aber 1994 wieder in Schwung (EC Suppl. A, Februar 1994). 1997 betrug der Gesamtwert der in Europa übernommenen Unternehmen schätzungsweise 300 Mrd. Dollar. Davon entfiel etwa die Hälfte auf grenzüberschreitende Übernahmen.

Die Aktienmärkte stellen die Finanzierung sogar für die ambitiösesten Pläne zur Verfügung. Übernahmen sind zur Gewohnheitssache in solchen Ländern wie Frankreich, Deutschland, Italien und anderen Nationen des Kontinents geworden, in denen man früher über die »angelsächsische« Unternehmensfinanzierung nur die Nase gerümpft hat. (Wagstyl)

Diese Entwicklung zeigt sich nicht nur im Kapitalsektor der EU-Staaten. Die weltweiten Direktinvestitionen – d.h. der Erwerb von Eigenkapitalanteilen bei Produktions- oder anderen Unternehmen im Ausland – weisen seit Mitte der achtziger Jahre eine spektakuläre Zunahme auf: Ihr Volumen schnellte von durchschnittlich 50 Mrd. Dollar in den Jahren 1981 bis 1985 auf durchschnittlich 155 Mrd. Dollar in den Jahren 1986 bis 1990 und erreichte 200 Mrd. Dollar im Jahre 1990. Dann ebbte wegen der allgemeinen Weltwirtschaftsrezession in vielen Staaten für kurze Zeit die Zunahme etwas ab. 1995 überstieg das Volumen weltweiter Direktinvestitionen jedoch die 300 Mrd. Dollar und lag 1996 weit darüber (EG 1997, OECD 1997).

Transnationale Unternehmen haben weltweit mehr als 2000 Mrd. Dollar außerhalb ihres Mutterstaats investiert und somit ein starkes Übergewicht in der Weltwirtschaft. Der Handel zwischen den Niederlassungen dieser Unternehmen in den unterschiedlichen Staaten macht mehr als ein Drittel des gesamten Welthandels in Waren und Dienstleistungen aus, d.h. etwa 1600 Mrd. Dollar. Bedeutender noch ist, daß der Auslandsumsatz von transnationalen Unternehmen sich auf über 5000 Mrd. Dollar (1996) beläuft (BIZ 1997) und folglich den Wert des gesamten Welthandels bei weitem übertrifft.

2.5.4 Verstärkter Rationalisierungsdruck durch transnationalen Wettbewerb

Die beschleunigte technologische und administrative Globalisierung von Unternehmen und Märkten in den bestimmenden Sektoren der Wirtschaft hat in den zwei letzten Jahrzehnten die Bedingungen des Wettbewerbs grundlegend verändert. Weltweit sind die Arbeitsmärkte transparenter und für transnational operierende Unternehmen institutionell zugänglicher geworden. Dies gilt ebenso auf den Märkten für Systemtechnologien, Zwischenprodukte und selbstverständlich auch für Endprodukte des Massenkonsums. Auf national beschränkte Produktions- und Absatzstrategien müssen sich Unternehmen beschränken, die den Sprung in die weite Welt nicht schaffen oder die in besonderen Marktnischen agieren. In beiden Fällen werden sie meistens von transnationalen Unternehmen abhängig oder verlieren aus anderen Gründen ihre Eigenständigkeit. Die Arbeitsplätze von mindestens der Hälfte aller Arbeitnehmer in der EU hängt daher von transnational organisierten Produktions- und Dienstleistungsstrukturen ab. Ein Großteil davon wird durch die transnationale Fusionswelle innerhalb der EU gefährdet.

Nachdem sich die erfolgreichen transnationalen Konzerne die wirtschaftlichen Vorteile ihrer Ursprungsnationen für die eigene Kapitalakkumulation zunutze gemacht haben, drohen sie nun allen Nationen, den Rationalisierungsprozeß zu forcieren, wenn sich die Nationalstaaten nicht ihren Bedingungen unterwerfen. Laufend kündigen die großen Konzerne Restrukturierungsmaßnahmen an, um sich dem verschärften Wettbewerb anzupassen.

Im Jahre 1997, wie auch in den Jahren zuvor, wurden auf diese Weise Tausende von Arbeitsplätzen abgebaut. Asea Brown Boveri (ABB) reagierte Ende 1997 auf die asiatische Währungskrise mit der Streichung von 10 000 Arbeitsplätzen, um ihre europäischen Standorte »wettbewerbsfähiger« zu machen. Wenige Tage vor der entsprechenden Ankündigung hatten Adtranz, das Eisenbahn-joint-venture zwischen ABB und Daimler-Benz, einen Arbeitsplatzabbau in Deutschland und Italien von 3600 Stellen bekanntgegeben, während parallel dazu der Kugellagerfabrikant SKF ebenfalls seine Belegschaft um 2000 Personen kürzte. Andere Unternehmen, die 1997 ebenfalls starke Kürzungen vornahmen, waren Siemens, Electrolux aus Schweden, die französischen Automobilhersteller Peugeot und Renault sowie der Reifenproduzent Michelin. Die Liste ließe sich verlängern. Die Fusion von UBS und Swiss Bank zur zweitgrößten Bank der Welt wurde von der Ankündigung einer Streichung von 10 000 Arbeitsplätzen begleitet.

Dem Rationalisierungsprozeß folgt keineswegs ein rascher Neuaufbau von Produktionskapazitäten und damit von neuen Arbeitsplätzen. Inzwischen ist der sogenannte »Produktzyklus« vieler Massenkonsumgüter relativ kurz geworden, also der Zeitraum zwischen Produktidee, Herstellung, Vermarktung und schließlich Verdrängung durch ein neues Produkt. Die Voraussetzungen für die Beherrschung der Technologien, die für hochwertige Güter notwendig sind, sind so komplex geworden, daß enorme Kapitalbeträge eingesetzt werden müssen, um die rentable Nutzung dieser Technologien möglich zu machen.

Angesichts der weltweiten Überkapazitäten ist jedoch nicht primär der Aufbau neuer, sondern die Kontrolle der vorhandenen und durch Rationalisierung umstrukturierten weltweiten Produktionskapazitäten der Schlüssel des Erfolgs transnationaler Konzerne geworden. Die Fusionswelle erfaßt daher nicht nur die großen Konzerne. Auch mittlere und selbst relativ kleine Unternehmen werden unter scharfen Bedingungen in die transnationalen Konzernstrukturen integriert. So werden selbst lokal begrenzte Wirtschaftsstrukturen der transnationalen Wirtschaftsentwicklung unterworfen.

2.5.5 *Informalisierung und sozialer Strukturwandel*

Der beschwichtigende Hinweis, etwa von Ralf Dahrendorf, Millionen Arbeitslose würden noch keine Massenarbeitslosigkeit bedeuten, kommt dem Eingeständnis gleich, daß sich mit der Transnationalisierung der europäischen Ökonomie auch in der EU ein sozialer Wandel vollzieht, der Prinzipien der bisherigen Gesellschaftsorganisation außer Kraft setzt:

> Daran, daß es viele – zu viele – Arbeitslose gibt in Deutschland und anderswo in Europa, besteht kein Zweifel. Aber Massenarbeitslosigkeit? Nicht jede große Zahl ist eine Masse. Bei Massenarbeitslosigkeit denkt man an dumpfe Mengen von abgerissenen Gestalten, an Suppenküchen, an die Mischung von Apathie und Verzweiflung ... Tatsächlich ist die deutsche Millionen-Arbeitslosigkeit zweierlei: Sie ist einmal der Luxus, den sich die Beschäftigten leisten, um ihre eigenen Löhne und Anrechte hoch zu halten ... Sie ist (zweitens A. S.) die deutsche Form der Flexibilität ... Die Arbeitslosen sind gar nicht unbeschäftigt, aber sie arbeiten unter Bedingungen, die in Normalarbeitsverhältnissen unerlaubt wären. Teilzeitarbeit, unsoziale Arbeitszeiten, niedrige Entlohnung sind da die Regel. Dafür werden keine Steuern gezahlt und keine Abgaben geleistet. Eine Bargeldökonomie ist entstanden, deren Folgen inzwischen sogar der Finanzminister spürt, wenn er die sinkenden Steuereinnahmen registriert. (Dahrendorf 1997)

Die Transnationalisierung macht es möglich. Die beschriebenen Verhältnisse gelten jedoch nicht nur für die Arbeitslosen. Die Teilzeitarbeit, wie von Schumann exemplarisch beschrieben, ist die Form, in der die Bezahlung für die gleiche Arbeit gesenkt wird. Sie führt teilweise ins soziale Abseits. Aber nicht nur Teilzeitarbeit: Mit der Aufkündigung des gesellschaftlichen Konsensus der Nachkriegsära, der nicht nur die Arbeiter zur Treue zu ihrem Unternehmen, sondern auch umgekehrt die

Arbeitgeber verpflichtete, ist »geregelte« Arbeit zum Opfer der Kostensenkungsprogramme zugunsten der transnationalen Konkurrenzfähigkeit geworden (Kapstein).

Deshalb ist der Begriff der Heterogenisierung gesellschaftlicher Strukturen angebracht.

> Weltweit wird ... eine Tendenz deutlich, hochproduktive Tätigkeiten durch weniger Menschen ausführen zu lassen. Alle Wirtschaftsaktivitäten, die außerhalb von transnationalen Systemführerschaften stattfinden, werden einem globalen Verarmungswettbewerb ausgesetzt: Um überhaupt noch tätig zu sein, müssen Millionen von Menschen menschenunwürdige Arbeitsverhältnisse hinnehmen. Ansonsten würde ihr Arbeitsplatz »wettbewerbsunfähig«. Nur noch als Konsumenten sollen möglichst viele Menschen an der »Hochwertproduktion« beteiligt sein. (Narr/Schubert 1995, S. 80ff.)

Die Menschen, die in wenig kapital- und technologieintensiven Wirtschaftszweigen tätig sind, verlieren immer mehr an Einkommensmöglichkeiten. Denn weltweit lassen sich ähnliche Produkte billig produzieren und zu allen lokalen Märkten transportieren. Es gibt gar nicht so viele kaufkräftige Konsumenten, wie Waren von den Hunderten von Millionen Menschen weltweit für den Massenkonsum produziert werden können. Dagegen konzentrieren sich die hohen Einkommen auf Arbeit in technologisch und organisatorisch komplexen Produktions- und Dienstleistungsprozessen, die dank ihrer hohen Kapitalintensität eben nur eine relativ geringe Anzahl von Arbeitsplätzen schaffen.

Die Transnationalisierung führt nicht zu einer allgemeinen Senkung des Lohnniveaus, sondern zu sozialer Segmentierung und Heterogenisierung. Selbst komplexe Arbeitsprozesse erfordern einfache Arbeiten. Diese sollen niedrig entlohnt werden, damit hochqualifizierte Arbeit überdurchschnittlich bezahlt werden kann, damit

Spekulationsgewinne realisiert werden können, damit die sozialen Dienstleistungen billiger werden.

2.6 Zusammenfassung

Es bestätigt sich grundsätzlich auch in der EU die Einschätzung, die Robert Reich (1991) bezüglich der USA formuliert hat: Daß in allen Industrienationen ein Wirtschaftskreislauf entstanden ist, der die globale Produktion in Niedrig- und Hochwertproduktion unterteilt und eine entsprechende Aufteilung der Einkommen bewirkt. Reichs Erklärungen mögen, weil einseitig technologisch fixiert, unbefriedigend sein. Offensichtlich ist jedoch, daß die Preise der Massenkonsumgüter und -dienstleistungen sowie von einfacheren Produktionsmitteln relativ zu einigen wenigen komplexen Gütern und Dienstleistungen permanent zurückgehen und den bei ihrer Herstellung tätigen Menschen folglich laufend schlechtere Einkommensmöglichkeiten bieten.

Nicht die technologische Entwicklung ist hierfür verantwortlich, sondern die besondere Form der heutigen weltweiten Konkurrenzverhältnisse. Durch den freien Wettbewerb wird weltweit jeder Produzent aus dem Markt gedrängt, der ihm nicht standhalten kann. Die zunehmende Kapitalmobilität und die transnationale Organisation der Produktion leisten ein weiteres: Die weltweite Verteilung der einzelnen Produktionsstufen auf die gewinnträchtigsten Standorte ermöglicht es den einzelnen transnationalen Unternehmen, Zehntausende von Menschen unter verschärften Ausbeutungsverhältnissen in ihre Produktionsstrukturen einzugliedern und die weltweiten Märkte mit billigen, weil mit niedrigen Lohnkosten und ohne Umweltkosten produzierten Waren zu überschwemmen. Die Kontrolle der komplexen Technologien und Arbeitsprozesse, die für hochwertige Waren und Dienstleistungen erforderlich sind, ermöglicht ihnen aber ebenfalls, einen Teil der auf relativ oder absolut hohen Einkommen basierenden Produktionskosten für derartige Produkte an die Verbraucher weiterzugeben.

Mögen in früheren Jahrzehnten noch die wirtschaftlichen Bedingungen des gesellschaftlichen Wohlstands hauptsächlich national geprägt gewesen sein – heute ist den nationalen Volkswirtschaften ein supranationales Produktionssystem übergestülpt worden. Dies gilt vor allem für Europa, das im Vergleich zu den USA noch nationalstaatlich zerstückelt ist. Dieses transnationale Produktionssystem bestimmt die Wirtschaftsentwicklung in den einzelnen Nationalstaaten. Doch es ist noch lange nicht vollendet. Die bisherige Konzentration des europäischen Kapitals ist nur der Vorbote eines Prozesses, der in allen Bereichen der EU-Ökonomie zur Bildung riesiger, supranationaler privater Unternehmen führen wird.

Wenn sich also seit Beginn der neunziger Jahre der Großteil der Direktinvestitionen von Unternehmen aus den EU-Staaten auf die EU konzentriert hat, dann weniger aus Kostengründen, sondern weil ihre Expansion nur noch dann fortschreiten kann, wenn sie erfolgreich einen transnationalen Konzentrationsprozeß vollziehen.

Der eigentliche wirtschaftliche Strukturwandel in den Staaten der EU besteht daher – ähnlich wie in allen anderen Industrienationen – nicht nur in der technologischen Entwicklung in so wichtigen produktiven Bereichen wie Elektronik, Computer, Telekommunikation und Bio- und Umwelttechnologie, Luft- und Raumfahrttechnik usw. oder in der großen Ausdehnung der hochtechnifizierten Dienstleistungen oder auf dem Spekulationsmarkt. Der Strukturwandel ist auch – und vor allem – sozialer und institutioneller Art. Die Organisationsformen des transnationalen Wettbewerbs haben sich verändert – und damit einhergehend die Verteilungsformen des nationalen Einkommens.

Auf dieser Grundlage wird sich die Währungsunion entwickeln und dem Prozeß ihre eigenen Merkmale aufdrängen. Eine optimistische Haltung würde korrigierende Einflüsse erwarten. Doch darauf ist nicht zu hoffen. Nur allzu präzise passen sich der institutionelle Aufbau der Währungsunion und die sie leitenden Prinzipien an die segmentierenden und heterogenisierenden Grundtendenzen der wirtschaftlichen Transnationalisierung an. Von einheitlichem Geld darf, zumindest in der geplanten Form, keine sozial ausgleichende Wirkung erwartet werden – weshalb, dies soll im nächsten Kapitel erörtert werden.

3. Währungsunion und Globalisierung: Monetäre Stabilität für die transnationale Expansion

3.1 Transnationalisierung und Währungsunion: Ein sozial widersprüchlicher Zusammenhang

Die Währungsunion und der Euro haben nicht nur, wie im vorigen Kapitel dargelegt, den Prozeß der wirtschaftlichen Transnationalisierung zum Ursprung. Sie beruhen also nicht allein auf der Bildung nationenübergreifender, von vielen einzelnen Unternehmen gestalteter Produktions- und Dienstleistungsverhältnisse. Der Euro wird auch deshalb eingeführt, weil dieser Prozeß auf monetärer Ebene in der Vergangenheit ständige Konflikte und Widersprüche verursacht hat. Er wurde von sich wiederholenden Währungskrisen und akuten Wechselkursschwankungen zwischen den nationalen Währungen begleitet. Monetär war das transnationale europäische Wirtschaftssystem instabil. Es verlangte nach einer Währungsunion.

Die bisherigen Versuche, im Rahmen des Europäischen Währungssystems (EWS) permanente Währungsstabilität herzustellen, waren nicht erfolgreich. So sehr das EWS auch zeitweilige Stabilität erzeugt hat, so tief waren die Erschütterungen, als die vereinbarten Wechselkurse, meistens aus spekulativen Gründen, nicht mehr zu halten waren. Tatsächlich war auch die schwere Krise des EWS zwischen 1992 und 1993 ein wichtiger Grund, um die Währungsunion verstärkt voranzutreiben. Obwohl im Zeitraum von nur vier Monaten, vom Juni bis September 1992, die europäischen Zentralbanken etwa 300 Mrd. DM für Deviseninterventionen, und davon etwa 200 Mrd. DM für Stützungskäufe zugunsten von EWS-Währungen eingesetzt hatten, scherten einige Währungen aus dem System aus. Die Wechselkurse wurden neu festgelegt, und die erlaubte Fluktuationsbreite so ausgedehnt, daß das gesamte System praktisch Makulatur wurde. Die Währungsinstabilität hielt monatelang an. (BIZ, JB 1993, S. 201 ff.)

Dadurch wurde deutlich: Ohne einen geeigneten Rahmen für Währungsstabilität in den Kernstaaten Europas können die transnationale Expansion europäischer Konzerne sowie die Wettbewerbsfähigkeit von Nationalstaaten gefährdet werden. Aufgrund des bisherigen Stands der supranationalen Kapitalkonzentration und ihren zukünftigen Perspektiven ist es zur Bedingung der Wirtschaftsentwicklung der EU-Staaten geworden, diesen Instabilitätsfaktor zu beseitigen – selbst dann, wenn die gesamte Wirtschaftsentwicklung, wie geplant, dem Primat der supranationalen Preisstabilität untergeordnet wird. Dies wird für die einzelnen Nationen und die nicht transnationalisierten Wirtschaftsaktivitäten zwar gravierende und, wenn nichts geschieht, auch sehr negative Folgen haben. Aber weder die Regierungen noch ihre Bürokratien haben bisher nach Alternativen gesucht, die Währungsstabilität mit sozialstaatlich ausgewogenen und institutionell abgesicherten Regeln sicherzustellen.

Den Sachzwang Währungsunion anzuerkennen heißt deshalb noch lange nicht, das transnationale Entwicklungsmodell zu begrüßen. Im Gegenteil: Die Erkenntnis, daß die Währungsunion als Voraussetzung der weiteren Expansion – sprich Wettbewerbsfähigkeit – transnationaler europäischer Konzerne betrachtet wird, ermöglicht es überhaupt, das treibende Motiv ihrer institutionellen Ausgestaltung zu benennen.

Es wurde schon erörtert, daß die transnationale Entwicklungsdynamik voller Konflikte ist. Die grundlegenden sozialen Widersprüche werden durch die Entwertung der Arbeit hervorgerufen. Arbeitslosigkeit, Einkommenskonzentration und tendenzieller Wohlstandsverlust breiter Bevölkerungsschichten sind die Folge. Die Entwertung der Arbeit ist wiederum die Folge eines rasanten Rationalisierungsprozesses, zu dem die transnationalen Unternehmen durch den globalen Wettbewerb veranlaßt werden. Diese Entwicklungen werden durch die Währungsunion noch wesentlich verschärft.

Damit die Währungsunion in ihrer jetzigen Form funktioniert, müssen sich die Nationalstaaten den Konvergenzkriterien unterwerfen, da sonst das System der Europäischen Zentralbanken nicht funktioniert. Dieses hat eine »unabhängige« Europäische Zentralbank zum Mittelpunkt. Sie ist einzig und allein der Preisstabilität verpflichtet. Ihre Statuten und politischen Orientierungen sind so angelegt, daß sie die monetären Leitlinien auf supranationaler und auch auf der Ebene der beteiligten Staaten bestimmt. Die Europäische Zentralbank ist aber völlig außerstande, andere Instrumente der staatlichen Wirtschaftspolitik – etwa Subventionen, Ausgleichszahlungen usw. – zur Vermeidung sozialer Verzerrungen, struktureller wirtschaftlicher Mißverhältnisse oder anderer negativer Erscheinungen innerhalb der Union einzusetzen oder anzufordern.

Als »unabhängige« supranationale Institution, die nicht auf andere historisch gewachsene Staatsapparate zurückgreifen kann, kann die Europäische Zentralbank darüber hinaus nur erfolgreich sein, wenn in allen Staaten der Währungsunion gleiche Konjunkturverläufe stattfinden. Die Wirtschaftsdynamik der einzelnen Staaten wird somit in ein enges Korsett monetärer Stabilitätsbedingungen gepreßt.

Vorsicht ist daher geboten, wenn von der Währungsunion als »Stabilitätsgemeinschaft« gesprochen wird. Oder wenn um »Vertrauen« in den Euro geworben wird. Ein stabiler, vertrauensvoller Euro, der sich in der Welt auch als alternative Reservewährung etabliert, braucht keine im Sinne der Wohlstandssicherung und -entfaltung stabilen Verhältnisse. So wie auch ein starker Dollar nicht mit inhumanen Arbeitsverhältnissen unvereinbar ist, über deren neuerliche Ausbreitung in den USA eine autorisierte Quelle ausführlich berichtet hat (Reich 1997).

Für die Währungsunion in ihrer heutigen Gestalt gilt daher, daß entgegen den Erwartungen von Euro-Optimisten die monetäre Stabilität sich mit großer Wahrscheinlichkeit auf dem Rücken derjenigen vollziehen wird, die durch den Prozeß der Transnationalisierung schon benachteiligt werden, daß also die monetäre Stabilität keineswegs allgemein günstige Bedingungen für die zukünftige Wirtschaftsentwicklung herstellt, sondern nur die Wettbewerbsbedingungen des transnational orientierten Kapitals verbessert.

Die neuen Institutionen der Währungsunion und die ihnen zugedachte Rolle sind kein Resultat eines vielversprechenden Modells wohlstandsausgerichteter Wirtschaftsentwicklung. Sie sind keinem Programm verpflichtet, das die angeblich so vielfältige neue Möglichkeiten versprechende Globalisierung zum Vorteil der Mehrheit der Bevölkerung nutzen soll. Es handelt sich vielmehr um ein den monetären Anforderungen der transnationalen Konkurrenz entsprechendes Gerüst supranationaler Abmachungen, dessen Widersprüchlichkeit akute Konflikte verspricht. Dies gilt insbesondere für die Konstruktion der Europäischen Zentralbank, deren geplante Ausgestaltung zu einem phänomenalen Hindernis nicht nur für die Wirtschaftsentwicklung, sondern auch für die demokratischen Institutionen der Nationalstaaten werden kann.

3.2 Die Europäische Zentralbank: Die Ideologie der unpolitischen Politik

Bis zur Ausgestaltung der Zentralbanken in ihrer heutigen Form, mit weitgehend unabhängiger Entscheidung in Sachen der Geldmittelversorgung der nationalen Ökonomien, war es ein langer Weg. Die »unabhängige« Zentralbank ist deshalb eine relativ neue Erscheinung in der Wirtschaftsgeschichte. Unabhängig heißt hier (näheres später in Kap. 4), daß andere staatliche Institutionen, etwa die Exekutive oder das Parlament, nicht unmittelbar ihre Entscheidungen beeinflussen können. Die Deutsche Bundesbank, die als Modell für die Europäische Zentralbank gilt, kann auf kaum mehr als 40 Jahre Geschichte zurückschauen. Sie wurde erst 1957 als Einheitsbank gegründet und löste die Bank deutscher Länder ab, die nach dem Krieg von der Militärverwaltung nach dem Muster des Federal Reserve System der USA errichtet worden war. Die Unabhängigkeit wurde in ihren Statuten verankert. Erst im Zuge der Vorbereitungen zur Währungsunion haben andere europäische Zentralbanken eine ähnliche Position.

Die Deutsche Bundesbank gilt nicht nur wegen ihrer Unabhängigkeit als erfolgreich und vorbildhaft. In ihrer relativ kurzen Geschichte kam es, anders als in der fast dreihundertjährigen Geschichte der Bank of England oder der zweihundertjährigen Geschichte der Banque de France und den etwa hundertfünfzig Jahren der Banco de España, zu keinen Hyperinflationen oder gravierenden Finanzkrisen und -zusammenbrüchen. Das Image der Bundesbank ist makellos. Daß ihr die ausgesprochen günstigen weltwirtschaftlichen Rahmenbedingungen einer langen Expansionsphase zu diesem Erfolg verholfen haben, wird gerne ausgeklammert.

Völlig unbescheiden verweist die Deutsche Bundesbank immer wieder darauf, daß sich im Maastricht-Vertrag wichtige Merkmale der deutschen Notenbankverfassung wiederfinden, ja sogar noch verschärft worden seien:

> So wird die künftige gemeinsame Geldpolitik vorrangig am Ziel der Preisstabilität ausgerichtet und marktwirtschaftlichen Grundsätzen verpflichtet sein. Die Beschlußorgane des ESZB handeln unabhängig von Weisungen von Organen oder Einrichtungen der Gemeinschaft und den Regierungen der Mitgliedsländer. In der Wechselkurspolitik gehen die Vorschriften des Vertrages über die im Bundesbankgesetz enthaltenen Regelungen hinaus, und die vertraglichen Vorschriften zum Verbot der Zentralbankfinanzierung staatlicher Defizite sind noch strikter als die des Bundesbankgesetzes vor seiner Änderung im Jahre 1994. Für den Erfolg der europäischen Währungsintegration wird es entscheidend sein, daß die Stabilitätsorientierung Akzeptanz findet. Die deutsche Notenbankgeschichte zeigt, daß Geldwertsicherung dauerhaft nur auf der Grundlage einer von allen gesellschaftlichen Gruppen getragenen »Stabilitätskultur« gelingen kann. (DBB 1995, S. 17)

Zweifel bestehen jedoch nicht nur in Deutschland, sondern auch anderswo, daß sich diese »Stabilitätskultur« so schnell wird herstellen lassen. Um so dringlicher erschien es, sie zumindest in den Beschlußorganen der Europäischen Zentralbank zu institutionalisieren und die Führungspositionen mit Personen zu besetzen, die kein anderes Ziel vor Augen haben als die Preisstabilität.

Um dies zu gewährleisten, ist schon das Europäische Währungsinstitut (EWI) als Vorläufer der EZB mit »koordinierenden Fähigkeiten« ausgestattet worden, in denen Preisstabilität immer im Vordergrund steht. Der Einrichtung des EWI waren monatelange Querelen über seinen Sitz vorausgegangen, die mit der Wahl von Frankfurt durch den EU-Rat im Oktober 1993 beendet wurden. Dem EWI wurde aufgetragen, die dritte Stufe der Europäischen Wirtschafts- und Währungsunion vorbereiten zu helfen. Es wurde ihm die Aufgabe gestellt, die Konvergenz zwischen den Mitgliedsstaaten zu verbessern und die technisch-logistischen Vorbereitungen zu treffen, um es dem 1998 zu errichtenden Europäischen System der Zentralbanken (ESZB) zu ermöglichen, gleich zu Beginn der dritten Stufe eine einheitliche europäische Geldpolitik zu verwirklichen (IWWU, Nr. 1, S. 7ff.).

Hierzu gehört neben der Definition der wesentlichen Orientierungsmarken der Geldpolitik der EZB auch die Sicherung ihrer »Unabhängigkeit«. An dieser hatten die Regierungschefs, dem Muster der Bundesbank folgend, im Maastricht-Vertrag kaum Zweifel gelassen:

> Die Unabhängigkeit der Europäischen Zentralbank ist zweifelsfrei geregelt. Der Vertrag ist da ganz eindeutig. Oft ist er nicht eindeutig, in dieser Frage aber wohl. Der Europäische Zentralbankrat nimmt keinerlei Weisungen entgegen, von niemandem. Der Vertrag mahnt die Regierungen sogar, es gar nicht erst zu versuchen. Die Regierungen dürfen die Zentralbank nicht einmal beeinflussen. Die Unabhängigkeit der Zentralbank wird ferner dadurch gefestigt, daß sie einen ganz klaren Auftrag hat, nämlich den der Preisstabilität. Dies alles gibt mir die Zuversicht, daß der Europäische Zentralbankrat jedwedem Druck widerstehen kann. (Lamfalussy 1997)

In Übereinstimmung mit dieser angeblich »unpolitischen« Sichtweise wurden schließlich auch noch die eigentlichen Orientierungen der Geldpolitik der Europäischen Zentralbank politisch steril festgelegt. Über die alternativen Strategien der Geldversorgung in der Währungsunion, die bei ihrer Vorbereitung zur Diskussion gestanden hatten, hat das Europäische Währungsinstitut selbst berichtet (EWI 1997). Fünf mögliche Strategien wurden geprüft, nämlich: »die Vorgabe eines Wechselkursziels, eines Zinssatzes, eines (nominalen) Einkommensziels, eines Geldmengenziels und das direkte Ansteuern eines Inflationsziels« (EWI 1997, S. 8). Von diesen Zielen wurden – so erklärte das EWI – die ersten drei verworfen, da ein Wechselkursziel in Anbetracht der potentiellen Größe des Euro-Währungsraums möglicherweise nicht mit dem internen Ziel der Preisstabilität zu vereinbaren sei. Die Verwendung eines Zinssatzes als Zwischenziel wurde ebenfalls verworfen, denn es sei schwierig, den realen Gleichgewichtszins zu bestimmen, der mit Preisstabilität vereinbar sei. Dem Ziel für das nominale Einkommen wurde zwar zugestanden, einen eindeutigen Rahmen vorzugeben und auch mit dem Ziel der Preisstabilität kompatibel zu sein. Doch, so wurde festgestellt, für das ESZB würde es schwierig sein, die nominalen Einkommen zu kontrollieren, und es könnten auch Zweifel hinsichtlich des Endziels des ESZB entstehen, da man sie möglicherweise mit gewissen Einkommensentwicklungen identifizieren konnte.

Folglich, so berichtet das EWI, haben sich aus der Diskussion zwei mögliche Strategien herauskristallisiert:

> Zum einen die Verfolgung eines Geldmengenziels und zum anderen ein direktes Inflationsziel... Beiden Ansätzen ist gemeinsam, daß sie dasselbe Endziel – die Preisstabilität – haben. Beide Strategien operieren vorausschauend und verwenden in der Praxis zahlreiche Indikatoren, um darüber zu befinden, ob der geldpolitische Kurs angemessen ist. (Ebd.)

Aber selbst nach dieser Eingrenzung konnte das EWI keine endgültige Empfehlung aussprechen. Die Entscheidung zugunsten der einen oder anderen Alternative überließ das EWI der EZB, die ab 1998 die Verantwortung für die europäische Geldpolitik übernehmen soll.

In anderen Worten: Das EWI verwarf alle Alternativen, die von der zukünftigen Europäischen Zentralbank verlangt hätten, die Auswirkungen einer einheitlichen Geldpolitik auf unterschiedliche Realitäten und Konjunkturen sowie stark abweichende soziale Entwicklungen in den Mitgliedsländern der Währungsunion zu berücksichtigen. Viel einfacher war es da schon, von einer Konvergenzforderung an die nationalen Ökonomien auszugehen und auf die traditionellen Konzepte bisheriger nationaler Geldpolitiken, besonders im Stile der Deutschen Bundesbank, zurückzugreifen.

Die Europäische Zentralbank soll sich also nicht um die Auswirkungen einer unterschiedlichen Wirtschaftsentwicklung in den Ländern der Währungsunion kümmern oder sie gar bei ihren Entscheidungen berücksichtigen. Ihre Unabhängigkeit soll sie nicht nur gegenüber der Politik, sondern auch gegenüber der gesellschaftlichen Realität einer sich durch die Währungsunion stark verändernden Staatengemeinschaft wahren. Statut und ideologische Ausrichtung der Europäischen Zentralbank wurden daher so konstruiert, daß unter dem Schlagwort der politischen Unabhängigkeit die Zentralbankentscheidungen vom gesellschaftlichen Druck entlastet werden können.

Aber auch von einer anderen Seite ist sie politisch beschnitten worden: Sie wird nicht, wie viele nationale Zentralbanken, die Bankaufsicht ausüben. Sie wird also praktisch keine Möglichkeit der Kontrolle über die Transaktionen der Privatbanken und der Spekulanten haben. Und in Krisenzeiten wird sie auch keine Rolle spielen: Sie ist nicht in der Lage, krisengeschüttelten Banken beizustehen. Sollte es zu einer Bankenkrise in der Währungsunion kommen, wird die mächtige Europäische Zentralbank ihren Ausgang zuschauend abwarten müssen.

3.3 Die Konvergenzkriterien: wirtschaftlich unbedeutend, politisch richtungsweisend

3.3.1 Inhalt der Konvergenzkriterien

Aus der institutionellen Verselbständigung der Europäischen Zentralbank zu schließen, sie würde auch eine politisch unabhängige und daher eine bezüglich der gesellschaftlichen Folgen der Globalisierung der Weltwirtschaft kritische Haltung einnehmen können, wäre ein großer Irrtum. Der unpolitischen Zentralbank sind nämlich klare politische Richtlinien vorgezeichnet, die durch das Primat der Inflationsbekämpfung beschrieben werden. Ihre institutionellen Arrangements sowie die an sie geknüpften Erwartungen werden ihr jedoch jede Flexibilität bei der Handhabung der daraus entstehenden Konflikte nehmen.

Im Mittelpunkt der wirtschaftspolitischen Regeln der Währungsunion steht nämlich nicht nur die eigentliche Geldpolitik, sondern die Konvergenzkriterien. Es handelt sich um statistische Kennziffern der Wirtschaftsentwicklung der an der Währungsunion teilnehmenden Staaten, die auf eine langfristige Sicherung der Preisstabilität hindeuten sollen. Sie beinhalten nicht nur eine direkte Messung der Preisentwicklung in den einzelnen Nationalstaaten, sondern auch der Zinsentwicklung und der Staatsverschuldung.

Bei diesen Kriterien handelt es sich um wirtschaftspolitische Zielvorgaben, im einzelnen um folgendes:

Erreichen eines hohen Grades an dauerhafter Preisstabilität. Das bedeutet, daß ein Mitgliedsstaat eine anhaltende Preisstabilität aufweisen muß und die durchschnittliche Inflationsrate (gemessen am nationalen Verbraucherpreisindex) um nicht mehr als anderthalb Prozent über der Inflationsrate der drei Länder mit den geringsten Preissteigerungen liegen darf.

Eine auf Dauer tragbare Finanzlage der öffentlichen Hand, die aus einer öffentlichen Haushaltslage ohne übermäßiges Defizit ersichtlich ist. Einer oder beide der folgenden Tatbestände lassen auf das Vorliegen eines übermäßigen Defizits schließen:

- das Verhältnis des geplanten oder tatsächlichen öffentlichen Defizits zum Bruttoinlandsprodukt (BIP) überschreitet 3 %, es sei denn, daß das Verhältnis erheblich und laufend zurückgegangen ist oder der Wert nur ausnahmsweise und vorübergehend überschritten wird;
- das Verhältnis des öffentlichen Schuldenstandes zum BIP überschreitet 60 %, es sei denn, daß das Verhältnis hinreichend rückläufig ist und sich rasch genug dem Referenzwert nähert.

Diese Zielvorgaben gelten langfristig und permanent. Zusätzlich wurden für die Analyse der Beitrittsfähigkeit der einzelnen Nationalstaaten zur Währungsunion folgende Kriterien formuliert:

- Der Nachweis der Wechselkursstabilität seit mindestens zwei Jahren. Über diesen Zeitraum hinweg mußte ein Mitgliedsstaat am Wechselkursmechanismus des Europäischen Währungssystems (EWS) teilgenommen und die normalen Bandbreiten ohne starke Schwankungen und insbesondere ohne Abwertung seines bilateralen Leitkurses auf eigene Initiative gegenüber der Währung eines anderen Mitgliedsstaates eingehalten haben.
- Ein angemessenes Niveau der langfristigen Zinssätze als Ausdruck der Dauerhaftigkeit der erreichten Konvergenz des betreffenden Mitgliedsstaates. Zur Erfüllung dieses Kriteriums darf der durchschnittliche Nominalzinssatz für langfristige Staatsschuldverschreibungen

oder vergleichbare Wertpapiere im Verlauf eines Jahres vor der Prüfung der Mitgliedsfähigkeit den durchschnittlichen Nominalzinssatz der drei preisstabilsten Länder nicht um mehr als 2 % übersteigen.

Auf die Frage, weshalb aus der Konvergenz dieser Indikatoren auf die langfristige Preisstabilität in den Staaten der Währungsunion geschlossen werden darf bzw. soll, vermögen die Hunderte von Reden, Artikeln und anderen Publikationen zum Thema nur eine Antwort zu geben: Daß eben die preisstabilsten Nationalstaaten eine »richtige« Politik angewandt hätten und sich daher die Nationen mit stark abweichenden Indikatoren anzustrengen hätten, ihre eigene Wirtschaftspolitik an die der »erfolgreichen« Staaten anzupassen. Die wirtschaftlich »stabilen« Staaten und ihre Wirtschaftspolitik werden als Maßstab genommen, an dem sich alle anderen zu messen haben. Dahinter verbirgt sich jedoch tatsächlich das Interesse der transnationalen Wirtschaftsgruppen an einheitlichen monetären Bedingungen in den Staaten der EU.

3.3.2 Die Frage der Preisstabilität

Eine weiterreichende Aussagekraft, etwa bezüglich der möglichen Inflationsentwicklung in der Währungsunion, besitzen die Konvergenzkriterien in der Tat nicht. Denn theoretisch können in der Währungsunion die betreffenden Indikatoren auch auf einem hohen Niveau »konvergieren«, also bei einer wesentlich höheren EU-weiten Preissteigerungsrate. Von der Einhaltung der Konvergenzkriterien auf die zukünftige Preisstabilität zu schließen ist daher nur gerechtfertigt, wenn von einem niedrigen Preisanstieg in den drei Staaten mit den niedrigsten Inflationsraten ausgegangen wird. Dies bedeutet jedoch, in allen EU-Staaten einen fast identischen Konjunkturverlauf anzustreben, was ökonomisch unsinnig ist und sozial krasse Unausgewogenheiten nach sich ziehen wird.

Dies betrifft natürlich auch die »Kernstaaten« der Währungsunion. Gerade in Deutschland wurde mit enormer Vehemenz (siehe oben, Kap. 2) darüber diskutiert, ob die anderen vorgesehenen Mitgliedsstaaten der Währungsunion zur Einhaltung der geforderten Stabilitätskriterien überhaupt fähig sein würden, die Einführung des Euro also nicht die Inflation in Deutschland beschleunigen würde. Es wurde von der Gefahr des »weichen Euro« gesprochen. Völlig außer acht wurde dabei die Tatsache gelassen, daß die »Kernstaaten« durch den nötigen identischen Konjunkturverlauf in der Währungsunion möglicherweise selber in einen permanenten rezessiven Sog geraten können.

So unsinnige Konturen die Diskussion auch annahm – sie machte deutlich, daß die Sorge um die zukünftige Preisstabilität in der EU sich nicht nur politisch gut ausschlachten ließ, sondern daß allgemein – nicht nur in Deutschland, sondern auch in anderen Staaten, wo diese Diskussion allerdings mit geringerer Vehemenz geführt wurde – in der Öffentlichkeit erhebliche Zweifel an der tatsächlichen Handlungsfähigkeit der zukünftigen Europäischen Zentralbank bestanden. Die Skepsis ist berechtigt, jedoch aus anderen Gründen als der Unfähigkeit der an der Währungsunion teilnehmenden Staaten, die Konvergenzkriterien »strikt« einzuhalten.

Tatsächlich hat die Politik der Zentralbanken auf nationaler Ebene, falls überhaupt, nur einen sehr indirekten Einfluß auf die jeweilige Preisentwicklung. Es ist nicht einzusehen, weshalb das auf der supranationalen Ebene der EU anders werden sollte. Die Realität zeigt, daß die

Zentralbanken zwar Ziele für die Geldmenge formulieren, die sie der Wirtschaft zu Verfügung stellen. Entgegen dem in ihren zahlreichen Veröffentlichungen erweckten Anschein können sie die Einhaltung ihrer Inflationsziele keineswegs kontrollieren. Die Deutsche Bundesbank hat selbst zugestanden, daß die Zentralbanken die Preisentwicklung nicht direkt beeinflussen können, sondern zwischen Geldmengenzielen, Geldversorgung und Preisentwicklung zahlreiche, zum Teil unbekannte Vermittlungsglieder existieren:

Die geldpolitische Strategie stellt das konzeptionelle Gerüst für die laufende Geldpolitik dar. Eine durchdachte Strategie soll es einer Notenbank in entscheidender Weise erleichtern, Geldwertstabilität als das eigentliche Ziel der Geldpolitik zu erreichen und zu wahren. Die Notwendigkeit eines solchen Konzeptes ergibt sich, weil Notenbanken nicht in der Lage sind, die Inflationsrate unmittelbar zu kontrollieren. Vielmehr sieht sich die Geldpolitik einem komplexen Transmissionsprozeß gegenüber. In dessen Rahmen werden die durch den Einsatz des geldpolitischen Instrumentariums ausgelösten Impulse über eine Vielzahl von Kanälen mit langen und zudem variablen Zeitverzögerungen auf die Preisentwicklung übertragen. Nach wie vor bestehen Unsicherheiten über viele dieser Übertragungsmechanismen (*IWWU*, Nr. 4, Februar 1997, S. 1 f.).

Über diese Transmissionsmechanismen in der Währungsunion herrscht aber vorläufig eine absolute Unkenntnis:

Aus einer Reihe von Gründen werden die nationalen Erfahrungen über die Wirkungen von geldpolitischen Maßnahmen in der Vergangenheit nicht automatisch auf Europa übertragen werden können. Das gilt schon allein deshalb, weil es heute noch Unterschiede zwischen den geldpolitischen Transmissionsprozessen der einzelnen Länder gibt. Die geldpolitischen Wirkungsmechanismen in der Währungsunion werden auch nicht einfach ein Durchschnitt aus den nationalen Verhältnissen sein, weil beispielsweise die Wechselkurse für die Entwicklung in der Währungsunion insgesamt von geringerem Gewicht sein werden als in den einzelnen nationalen Volkswirtschaften. Wirtschaftsbeziehungen innerhalb des gemeinsamen Währungsraums werden unabhängig vom Kreis der Mitgliedsstaaten von größerer Bedeutung sein, als dies bei den einzelnen Nationalstaaten gegolten hat. (Ebd., S. 4)

Doch statt hieraus die Schlußfolgerung zu ziehen, daß für eine erfolgreiche Geldpolitik, die in der gesamten Währungsunion nicht nur die Preis-, sondern auch die gesamte Wirtschaftsentwicklung positiv beeinflußt, ein flexibles Vorgehen und ein differenzierter Einsatz der verschiedenen Instrumente der Wirtschaftspolitik nötig sind, haben sich Regierungen und Institutionen – darunter die Bundesbank – für ein dogmatisches Festhalten an den Konvergenzkriterien entschieden. Denn, so wird behauptet, nur so sei die Preisstabilität tatsächlich zu gewährleisten.

Und obwohl vor einer Übertragung von nationalstaatlichen Erkenntnissen und Erfahrungen auf die Währungsunion gewarnt wurde, kam die Bundesbank zur Schlußfolgerung, daß durch die sich eng an das Bundesbankgesetz anlehnenden Statuten der Europäischen Zentralbank »zweifellos grundlegende Voraussetzungen für einen stabilen Euro geschaffen« wurden. Denn die geldpolitischen Vorgaben der Europäischen Zentralbank müßten »Selbstbindungscharakter« für die Entscheidungsträger aufweisen und in diesem Sinn »disziplinierend« wirken« (*IWWU*, Nr. 1, 1997, S. 4).

Weshalb soll aber von der Fiskal- und Tarifpolitik in den einzelnen Staaten gefordert werden, daß sie die Voraussetzungen für eine »stabilitätsorientierte Geldpolitik« der Europäischen Zentralbank schafft, wenn deren »Transmissionsmechanismen«, d. h. deren Wirkungen unbekannt sind? Weshalb gestand man nicht ein, daß die supranationale Geldpolitik noch vor vielen Unbekannten steht und es deshalb ratsam sei, die ganze Angelegenheit mit

Flexibilität anzugehen? Weshalb schuf man nicht die institutionellen Voraussetzungen, damit der Erfahrungsprozeß in der Europäischen Zentralbank nach den minimalen Regeln des demokratischen Konsensus unter der Beteiligung zumindest der wesentlichen gesellschaftlichen Akteure stattfindet? Die Antwort auf diese Fragen lautet: Es geht gerade darum, diese Akteure von den entsprechenden Diskussionen und Entscheidungen auszuschließen und die Fragen nach dem möglichen Zusammenhang von Geldpolitik und Arbeitslosigkeit, Transnationalisierung und zunehmenden sozialen Differenzierungsprozessen auszuklammern. Schließlich soll die Geldpolitik unpolitisch und für die nationalstaatliche Politik »selbstbindend« sein. Blind soll die Gesellschaft auf den Erfolg eines auf der Einhaltung der Konvergenzkriterien fußenden Automatismus der Wirtschaftsentwicklung vertrauen.

Daß dieser dogmatische, darüber hinaus widersprüchliche Ansatz von den Befürwortern einer Verschiebung der Währungsunion ins Extrem gesteigert wurde, indem sie rechtlich bestätigen lassen wollen, er verstoße gegen das Recht auf eine stabile Währung, ist nur eine Pikanterie der ganzen Entwicklung. Viel gravierender ist, daß in unzähligen Erklärungen und Resolutionen die Regierungen, Parlamente, darunter auch das Europäische Parlament, der Forderung nach einer »selbstbindenden« Geldpolitik der Zentralbank zustimmten, ohne die politischen Grundlagen dieses Mechanismus in Frage zu stellen. Beständig forderten sie »die Verpflichtung des Europäischen Systems der Zentralbanken, vorrangig für Preisstabilität zu sorgen, und seine Unabhängigkeit von Einflüssen der nationalen Regierungen und Einrichtungen der Europäischen Gemeinschaft« (ebd., S. 5). Es hat den Anschein, als seien sie unfähig, zwischen den notwendigen institutionellen Voraussetzungen der neuen Währungsunion und der notwendigen Weiterentwicklung wirtschaftspolitischer Konzepte zu unterscheiden. Vielleicht waren und sind sie es auch?

3.3.3 Die öffentliche Verschuldung

Das Statut der Europäischen Zentralbank verbietet die Kreditgewährung an nationale Regierungen und andere öffentliche Institutionen. Dies ist eine insoweit vernünftige Vorkehrung, als sich aus der Erfahrung der vergangenen Jahrhunderte deutlich ergibt, daß Hyperinflationen sich nur dann entwickeln konnten, wenn die Geldpresse von den Regierungen nach Gutdünken manipuliert werden konnte (vgl. Sedillon). Da außerdem angenommen werden muß, daß der öffentliche Kreditbedarf von Staat zu Staat unterschiedlich sein wird, wäre es schwierig gewesen, eine akzeptable Regelung für den Zugang der einzelnen Staaten zu Krediten der Europäischen Zentralbank zu finden.

Wir haben oben gesehen (s. Kap. 3), daß praktisch sämtliche EU-Staaten 1997 entweder die Verschuldungsgrenzen der Konvergenzkriterien überschritten oder – in vielen Fällen dank der »kreativen Buchhaltung« der Finanzministerien – hart an deren Grenze lagen. Dies war allerdings zur Zeit der Formulierung dieser Kriterien ganz anders. Deutschland lag 1990 mit einem Anteil der Neuverschuldung am Bruttoinlandsprodukt von 2,1 %, Frankreich von 1,6 % und Großbritannien von 1,2 % wie auch viele andere EU-Staaten wesentlich darunter. Bis zur Ausschöpfung der vorgegebenen Prozentsätze war also noch ein erheblicher Freiraum. Niemand hätte voraussagen können, daß in wenigen Jahren fast alle Währungsunion-Kandidaten die Vorgaben überschreiten würden oder enorme Haushaltskürzungen würden hinnehmen müssen, um sie zu erreichen.

Über die vorgegebenen Verschuldungsgrenzen brauchte daher keine sehr tiefe politische oder theoretische Diskussion geführt werden. Bei ihrer Formulierung hatten sie keine unmittelbare Bedeutung für das Fiskalverhalten der Staaten. Wahrscheinlich erhoben sich deshalb kaum Stimmen, um die Rationalität und wissenschaftliche Begründung der Verschuldungsgrenzen in Frage zu stellen. Weshalb, so hätte man fragen müssen, wurde die magische Zahl 3,0% des Bruttoinlandsprodukts für die Neuverschuldung und 60% des Bruttoinlandsprodukts bei der Gesamtverschuldung angesetzt, wenn doch viele Staaten mit höheren Verschuldungsindices über längere Zeiträume hinweg weder in krisenhafte Finanzierungsschwierigkeiten geraten waren noch Hyperinflationen aufzuweisen hatten? Das einzige abschreckende Beispiel waren damals die USA, die mit ihren hohen Defiziten ihre hausgemachte Inflation weltweit exportierten. Doch dieses Beispiel für die Staaten der Europäischen Währungsunion als Grenze des Erlaubten zu nehmen, hätte nur als heuchlerisch bezeichnet werden können, waren doch gerade die öffentlichen und privaten europäischen Banken fleißig an der Finanzierung der US-Defizite beteiligt.

Außerdem: Gerade weil die Staaten nicht auf inflationären Kredit der Zentralbank zurückgreifen können, hätte erkannt werden müssen, daß die magische Zahl von 3,0% im Sinne der Preisstabilität völlig irrelevant ist. Ebensogut hätte man die Zahl 1,5% oder 6% nehmen können. In jedem Fall hätte mit anderen als geldpolitischen Argumenten erklärt werden müssen, weshalb die jeweilige Zahl als der für die Preisentwicklung optimale Wert anzusehen sei.

Je mehr die öffentliche Verschuldung jener Staaten in

die Höhe schoß, die zum Kern der zukünftigen Währungsunion gehören, um so mehr begannen sich jedoch die vorgegebenen Verschuldungsgrenzen als vernünftig zu erweisen. Doch statt das tatsächliche Problem offenzulegen, verwiesen die Regierungen auf die Maastrichter Konvergenzkriterien, um nach dem öffentlichen Verschuldungsrausch die Bevölkerung zu privater Nüchternheit aufzurufen. Das tatsächliche Problem war nicht, daß durch die zunehmende öffentliche Verschuldung die Preisinflation starken Auftrieb erhielt. Denn gerade in dieser Periode ging der Preisanstieg wesentlich zurück. Die Zentralbanken konnten sich, wie schon erwähnt, zu den Erfolgen ihrer Stabilitätspolitik gegenseitig beglückwünschen. Das wahre Problem lag darin, daß trotz zunehmender Staatsverschuldung der ungehemmte transnationale Konkurrenzkampf der Großkonzerne die europäische Wirtschaft in eine tiefe Rezession riß, die Millionen Arbeitsplätze vernichtete – mit verheerenden Konsequenzen für die Steuereinnahmen und die Sozialversicherungssysteme. Einnahmeausfälle für die Staaten in Milliardenhöhe waren die Folge, während die staatlichen Zinszahlungen wegen der angehäuften Schulden in die Höhe schossen. Die tatsächliche Gefahr war, daß wegen der angespannten Haushaltslage die Staaten zu radikalen Umschichtungen ihrer Haushalte gezwungen wurden und die von der Rezession am meisten betroffenen Bevölkerungsschichten noch zusätzlichen Entbehrungen, ja einer akuten sozialen Notsituation, ausgesetzt wurden.

Unfähig, gemeinsame Konzepte für ein effektives Krisenprogramm auf EU-Ebene zu formulieren, nahmen die Regierungen die Konsequenzen einer drastischen Sparpolitik in Kauf. Sie bestätigten sich gegenseitig, daß jeder Staat für sich die Maastrichter Konvergenzkriterien zu erfüllen habe. Unter dem Vorwand, die öffentliche Verschuldung müsse reduziert werden, weil sonst die Währungsunion gefährdet sei, wurden massive Haushaltskürzungen, vor allem im Sozialbereich, vorgenommen. Nachdem sie selbst die öffentliche Verschuldung in den Mittelpunkt der Wirtschaftsprobleme ihrer eigenen Staaten gestellt hatten, meinten nun die Regierungen, aus Gründen der zukünftigen Preisstabilität in der Währungsunion die vorgegebene Verschuldungsgrenze nicht überschreiten zu dürfen – begleitet selbstverständlich von zustimmenden Äußerungen der Zentralbanken und Unternehmensverbänden. Nach einem sozial ausgewogenen Entschuldungsprogramm hält man jedoch vergebens Ausschau (vgl. Schubert 1997).

So sehr sich auch die Befürworter einer »strikten Interpretation der Konvergenzkriterien« darum bemühen, die im Maastricht-Vertrag formulierte Verschuldungsgrenze von 3% als 3,0% zu fixieren, und sich dabei auf ihre Sorge um die Preisstabilität berufen, ihre Argumente werden dadurch nicht glaubwürdiger. Im Gegenteil: Nur zu offenkundig ist, daß das Geplänkel um die Ziffer nach dem Komma der innenpolitischen Auseinandersetzung dient. In Zeiten zunehmender Not wollen sich viele als Stabilitätsgaranten präsentieren. Erstaunlich ist, daß sie Gehör finden.

3.4 Rezessive Ausrichtung der Währungsunion

Einen anderen, vielleicht noch wichtigeren Aspekt als die rasant ansteigende Verschuldung konnten die Erfinder der Konvergenzkriterien zum Zeitpunkt von deren Formulierung nicht vorausahnen: daß nämlich die ersehnte »Konvergenz« der wirtschaftlichen Entwicklung der Teilnehmerstaaten der Währungsunion nicht in eine Phase wirtschaftlichen Wachstums, sondern der akuten Rezession fallen würde. Während der Vorbereitungen zum Maastricht-Vertrag herrschte allseits Euphorie. Der Kapitalismus hatte endgültig über den realen Sozialismus gesiegt, die Sowjetunion und ihr Imperium zerfiel, die bürgerliche Gesellschaft hatte die Geschichte angeblich an ihr Ende gebracht. In Deutschland schien die Vereinigung ungeahnte neue Möglichkeiten zu bieten. Soviel wurde in Deutschland investiert, daß diese Nation nach langer Zeit wieder Kapital einführte und den Kapitalexport zeitweilig stark reduzierte.

Kaum war aber der Vertrag unterschrieben, entwickelte sich die schärfste Währungskrise des Europäischen Währungssystems überhaupt, und der erhoffte Boom kam nicht zustande. In einigen Nationen war die Rezession stärker als in anderen, so daß es Gelegenheit gab, sich gegenseitig die Schuld zuzuschieben. Den einen wurde vorgeworfen, sie hätten der Krise nicht durch geeignete Wirtschaftspolitik entgegengewirkt, den anderen, z.B. Deutschland, daß die Bundesbank trotz relativ hohem Wachstum die Zinsen in die Höhe trieb und damit den Kapitalabfluß und die Finanzierungsschwierigkeiten der anderen Staaten vergrößerte.

Dadurch haben sich die Rahmenbedingungen für den Beginn der Währungsunion gegenüber den Annahmen völlig verändert. Ihr Start wird nicht in einer Periode allgemeiner Wirtschaftsdynamik in den teilnehmenden Nationalstaaten eingeläutet, sondern inmitten einer zunehmenden transnationalen Kapitalkonzentration, die den Rationalisierungswettbewerb verschärft, die Staatsfinanzen zunehmend verschlechtert, die Arbeitslosigkeit auf hohem Niveau hält, die schon beschriebenen gesellschaftlichen Segmentierungstendenzen verschärft und zunehmende soziale Unruhe hervorruft. Zusätzlich wird sie von einer sich ausbreitenden Wirtschaftskrise in den ehemals ob ihres Erfolges bejubelten Ökonomien Asiens, einschließlich Japans, begleitet sein, die die Weltwirtschaft insgesamt in eine langanhaltende Rezessions-, wenn nicht Depressionsphase führen kann.

Diese schlechten Ausgangsbedingungen der Währungsunion berechtigen zur Frage, was sie dazu beitragen wird, eine langfristige Wirtschaftsdynamik wiederherzustellen. Die Aussichten sind auch hier nicht gut. Der Erfolg des vorhandenen Konzepts der Währungsunion setzt die konjunkturelle Konvergenz der Wirtschaften der teilnehmenden Staaten voraus. Bisher hat diese Konvergenz in einer rezessiven Periode stattgefunden. Seit Jahren verkünden die Brüsseler EU-Kommission wie die Regierungen, die Bedingungen für ein nachhaltiges Wachstum seien geschaffen worden. Niedrige Zinssätze und Preisstabilität sowie eine bedeutsame Senkung der Lohnnebenkosten seien die Gewähr dafür, daß sich Investitionen wieder lohnen würden. Doch der Aufschwung läßt auf sich warten.

Nehmen wir jedoch an, die Investitionsschwäche würde tatsächlich überwunden, und statt ihre Ressourcen vor allem bei Fusionen und Übernahmen zu binden, würden transnationale Konzerne durch entsprechende Investitionen massiv neue Arbeitsplätze schaffen. Es ist durchaus möglich, daß gerade durch die Währungsunion statt des von vielen befürchteten Kapitalabflusses ein Kapitalzufluß durch transnationale Konzerne in die EU-Staaten stattfindet. Immerhin wird die EU dann einer der am stärksten integrierten Wirtschaftsräume der Welt sein. Unwahrscheinlich ist jedoch, daß sich dieser Kapitalzufluß gleichmäßig auf die verschiedenen Teilnehmerstaaten verteilt. Wahrscheinlich ist vielmehr, daß sich einige Staaten, vor allem die stärkeren, im transnationalen Standortwettbewerb durchsetzen. Dann steht zu erwarten, daß die

Konvergenzindikatoren voneinander abweichen. Wird dann die Europäische Zentralbank die benachteiligten Staaten noch zusätzlich bestrafen, indem sie zur Erhaltung der allgemeinen Preisstabilität eine an den Wirtschaftsindikatoren der dynamischeren Staaten orientierte Geldpolitik verfolgt? Oder wird sie sich an den nationalen Indikatoren der nachhinkenden Ökonomien orientieren und dem dort möglicherweise eintretenden Preisanstieg monetäre Entfaltungsmöglichkeiten geben?

Gerade diese Gefahr hat in Deutschland, aber auch in den Niederlanden und anderswo den Kritikern der Währungsunion einige Argumente geliefert, weil sie erkannt haben, daß zu ihrer Abwehr ein geregelter Transfer öffentlicher Mittel von den »reichen« in die benachteiligten Staaten nötig ist, der bisher in keinem der vielen Integrationsverträge und »Pakte« verankert wurde. Doch von der Währungsunion als »Solidargemeinschaft« wollen solche Kritiker nichts hören, ebensowenig von einem erweiterten »Strukturfonds« für eine auf supranationaler Ebene formulierte Strukturpolitik. Die EU-Bürokraten in Brüssel sollen keinen weiteren Zugriff auf einzelstaatliche Finanzmittel erhalten. Die einzelnen Staaten mögen doch bitte schön selber sehen, wie sie aus ihrer Misere herauskommen.

Es geht hierbei nicht nur um sogenannte »Zielkonflikte« in der Geldpolitik der Europäischen Zentralbank. Vielmehr sind die Konvergenzkriterien völlig ungeeignete Instrumente, um die institutionellen und politischen Bedingungen für die Lösung der wirtschaftlichen und sozialen Probleme und der latenten Krisentendenzen der EU-Staaten zu schaffen. So wie sie heute angelegt ist, führt die Währungsunion zu einer langfristigen Stagnation, aus der nur einzelne Staaten und Regionen ausbrechen können.

Eine intelligente politische Führung hätte in dieser Situation die Aufgabe, die Gefahren zu erkennen, die die Konvergenzkriterien als vertragliche supranationale Richtlinie für das Verhalten der Staaten darstellen. Aber von Konvergenzkriterien hörten die Parlamente erst, als ihnen der Vertrag zur Ratifizierung vorgelegt wurde. Und die meisten Parlamente, natürlich auch das Europäische Parlament, hielten es nicht für nötig, tiefergehende Diskussionen darüber zu führen. Sie vertrauten den Bürokratien der Exekutive, und statt die Kriterien in Frage zu stellen, verabschiedeten sie Resolutionen, in denen sie der Teilnahme der Staaten an der Währungsunion nur dann zustimmten, wenn diese Kriterien »strikt« eingehalten würden. Die EG-Bürokratie hatte sich schon frühzeitig auf diese Kriterien festgelegt – schließlich waren sie dort formuliert worden. Von den europäischen Wirtschaftsforschungsinstituten war mit wenigen Ausnahmen nur wenig zu hören. Lautstark machten sich nur diejenigen bemerkbar, die die Konvergenzkriterien verschärfen und zum absoluten Dogma machen wollten. Das mit der Frage beschäftigte Bundesverfassungsgericht untersuchte die Sache nach juristischen Standpunkten, ohne die wirtschaftlichen Perspektiven, die Europa bevorstanden, auch nur erahnen zu können.

Und die EU-Regierungen, angeführt von einer in die Enge getriebenen deutschen Regierung, überprüften nicht die Kriterien angesichts der veränderten Lage, sondern hielten es für angebracht, sie zu verschärfen. Im »Stabilitätspakt« von Dublin im Jahre 1996 sprachen sie sich für ihre »strikte« Einhaltung aus. Sie legten darin gleichzeitig die Sanktionskriterien und -mechanismen fest, mit denen die Staaten bestraft werden sollen, die sich nicht daran halten. Zu den beschlossenen Sanktionen gehört neben unverzinslichen Einlagen der Staaten, die das

Defizitlimit übersteigen, eine Geldbuße, wenn das Haushaltsdefizit anhält.

Bei »strikter« Einhaltung der heutigen Konvergenzkriterien kann es in der Währungsunion langfristig sicherlich eine relative Preisstabilität geben. Es wird jedoch kaum zu einer Lösung für die akuten Beschäftigungs-, Einkommens- und anderen wirtschaftlichen Probleme kommen, die im Mittelpunkt der heutigen sozialen Konflikte stehen. Auch die immanenten Widersprüche einer Konjunkturabweichung zwischen starken und schwächeren Nationen können die Konvergenzkriterien nicht lösen helfen. Ihre Einhaltung läßt nur stagnierende oder nur sehr schwach wachsende Ökonomien in den einzelnen Staaten zu.

Die Konvergenzkriterien sind also keineswegs ein politisch neutraler, allein an technischen Kriterien ausgerichteter Politikvorschlag. Sie sind vielmehr Resultat eines sehr klaren Systems zur Verschärfung des transnationalen Wettbewerbs unter der Ägide von transnationalen Unternehmen. Diese sind heute und auf absehbare Zeit mehr damit beschäftigt, ihre Produktionsstandorte und Märkte weltweit zu konsolidieren, als die Sicherung ihrer Wettbewerbsfähigkeit parallel zur Verwirklichung von Wohlstandssicherungs- und -erweiterungsstrategien voranzutreiben. Die Regierungen in der EU haben ebenfalls darauf verzichtet, über derartige Alternativen nachzudenken. Sie übertrugen einfach die schon längst auf nationaler Ebene fehlgeschlagenen wirtschaftspolitischen Stabilitätskonzepte auf das neu entstehende EU-Währungssystem. Welche Konsequenzen diese Übertragung für die supranationalen Institutionen der gesamten EU hat, soll Thema des nächsten Kapitels sein.

4. Währungsunion, Politische Union und Nationalstaaten: Der Euro in der supranationalen Staatsentwicklung in Europa

4.1 Der administrative Lösungsansatz für den Mangel an supranationaler Verfassung

Die Währungsunion wird ohne Politische Union eingeführt. Erinnern wir uns: Die Diskussionen um die Europäische Währungsunion (s. oben Kap. 1) waren zu Anfang von der Annahme geprägt, es bestehe zwischen Währungsunion und Politischer Union eine gegenseitige Abhängigkeit: ohne Politische Union keine Währungsunion und umgekehrt. Das Argument lautete, daß nur dann, wenn die einzelnen Staaten auf wesentliche Souveränitätsrechte verzichteten, ein gemeinsames Geld möglich sei. Dem nationalen Verzicht müsse jedoch eine politische Verankerung an einer anderen Stelle folgen, nämlich in einem neuen Staat mit eigener Verfassung. Aus der EG müsse daher ein neuartiger Bundesstaat werden.

Prinzipiell wurde bei dieser Argumentation davon ausgegangen, daß es keine effizienten zwischenstaatlichen Stabilitätsvereinbarungen geben könne, also solche, die unter souveränen Staaten getroffen werden und geeignet wären, ein gemeinsames Verhalten zu gewährleisten, das die Wertstabilität des gemeinsamen Geldes garantieren würde. Die einzelnen Staaten würden ohne einen gemeinsamen politischen Überbau immer wieder dazu neigen, Entwicklungswege einzuschlagen, die den erforderlichen Stabilitätsbedingungen widersprächen. Vor allem die Lohnentwicklung und die nationale Haushalts- und Steuerpolitik würden sich nie wie bei einem homogenen Staatsgebilde einheitlich beeinflussen lassen und daher eine permanente Bedrohung für die Preisstabilität in der Währungsunion darstellen. Konsequenz: Um zu verhindern, daß der staatliche Einfluß auf die Gemeinschaft nationalen Interessen gehorche, wurde die Währungsunion als nur dann realisierbar beurteilt, wenn sie mit einer Politischen Union einherginge.

Trotz des Fehlens einer Politischen Union wurde die EG dennoch mit der permanenten Forderung nach Vereinheitlichung des Geldes konfrontiert. Nach dem Zweiten Weltkrieg war dies jahrzehntelang keine akute Frage, weil die Industriestaaten Europas in das internationale Währungssystem von Bretton Woods integriert waren, das von den USA und dem Dollar beherrscht war. Dieses System legte die Wechselkurse zwischen den Währungen aufgrund politischer Vereinbarungen fest und sorgte auch dafür, daß sie eingehalten wurden. Aufgrund ihrer Vorherrschaft waren die USA die Garanten dieses Systems. Als sie diese Rolle nicht mehr erfüllen konnten und das System 1973 zusammenbrach und 1975 formell für beendet erklärt wurde, wurde die währungspolitische Koordination innerhalb der EG immer wichtiger.

Daher wurde Ende der siebziger Jahre das Europäische Währungssystem ins Leben gerufen. Doch wie oben dargelegt, führte es keineswegs zur erhofften Stabilität der Wechselkurse und erlebte verschiedentlich gravierende Krisen. Es kam nicht nur zu massiven spekulativen Angriffen auf die jeweils auf- und abwertungsverdächtigen Währungen, sondern die Wechselkurse mußten mehrmals durch Erweiterung der sogenannten »Fluktuationsbandbreite« korrigiert und schließlich auch formell neu definiert werden. Der nach innen zunehmend vereinheitlichte Wirtschaftsraum mußte sich damit abfinden, daß das Austauschverhältnis zwischen den nationalen Währungen, also auch die relativen Preise für gleiche Waren, darunter die Arbeit, zwischen den einzelnen Staaten plötzlich und stark verändert werden konnte.

Diese Entwicklung wurde bei Regierungen und Zentralbanken immer so interpretiert, daß es nicht gelungen sei, die Wirtschaftspolitik unter den verschiedenen Nationalstaaten so zu koordinieren, um abweichende Preisentwicklungen zu verhindern, daß die Akteure auf den sich ausweitenden Finanzmärkten dies erkannten und für ihre spekulativen Zwecke ausnutzten. Nach der Einigung bei Krisen auf abgestimmte Interventionen auf den Devisenmärkten und kurzfristige geldpolitische Maßnahmen verkündeten die jeweiligen Regierungsvertreter regelmäßig, in Zukunft ihre Wirtschaftspolitiken stärker miteinander koordinieren zu wollen, um derartige »Vorfälle« zu verhindern. Die Anzahl der Koordinationsausschüsse und -konferenzen, die in den letzten zwanzig Jahren zu diesem Zwecke gebildet bzw. abgehalten wurden, sind kaum noch zu überblicken.

Der Einigungsprozeß erhielt hierdurch seinen eigentümlichen Charakter, der die supranationalen Institutionen geprägt hat und seine Schatten auf die zukünftige Währungsunion wirft. Anstelle einer umfassenden politischen Neuordnung der Nationalstaaten durch Bildung eines europäischen Einheitsstaates (in welcher Form auch immer) konzentrierten sich die nationalen Regierungen und die monetären Behörden der Nationalstaaten (d. h. die jeweiligen Zentralbanken) auf den Entwurf des Europäischen Zentralbanksystems und die Stärkung des vorhandenen administrativen Apparats der EG. Nicht zufällig wurde die EG-Kommission und nicht etwa das EU-Parlament damit beauftragt, die Bedingungen für eine Währungsunion zu erkunden und einen Vorschlag für ihre etappenweise Einführung zu erarbeiten. Das Ergebnis war, wie wir wissen, der Delors-Bericht, der die Grundlage für die Verträge von Maastricht und Amsterdam lieferte.

Durch diese Verträge wurde die Frage der Politischen Union umgangen. Sie haben die Europäische Zentralbank in den Mittelpunkt der öffentlichen Organisation zur Ausübung des staatlichen Geldmonopols und ihrer Geldsouveränität gestellt. Eine politisch unabhängige Institution, die von einem Direktorium aus politisch makellosen und unbeeinflußbaren Persönlichkeiten geleitet wird, soll den Nationalstaaten sagen, wie sie sich zu verhalten haben, um Preisstabilität zu erreichen. Sie werden mit weitreichenden Vollmachten ausgestattet, um die staatliche Geldpolitik in jedem der teilnehmenden Staaten nicht nur zu beeinflussen, sondern zu bestimmen. Sie werden die Zinsen festlegen, zu denen das staatliche Geld bei den Zentralbanken der einzelnen Staaten zu haben sein wird, und somit über einen wichtigen Einflußfaktor der supranationalen Zinsentwicklung wachen. Und sie werden Sanktionen gegen die Staaten verhängen können, deren Regierungen sich auch außerhalb des eigentlich monetären Bereichs anders verhalten, als dies nach den schon eingehend analysierten Konvergenzkriterien erlaubt ist. So wird ein mit weitreichenden Vollmachten und Sanktionsmechanismen ausgestatteter administrativer Apparat die Währungsunion beherrschen.

Diese administrative Lösung für das Problem permanenter Währungskrisen und Wechselkursveränderungen im europäischen Binnenmarkt ist selbstverständlich immanent politisch. Die Macht und Handlungsfähigkeit der supranationalen Apparate ist nur unter der Voraussetzung sicherzustellen, daß sich die nationalstaatlichen Institutionen ihrem Primat unterwerfen. Die nationalen Regierungen und Parlamente verlieren formell durch die neuen supranationalen Institutionen keine Macht. Sie dürfen bei ihren Entscheidungen jedoch nicht von deren Leitlinien abweichen.

Durch diese administrativen Strukturen zur Geldwertsicherung werden fundamentale Prinzipien demokratischer Staatsformen außer Kraft gesetzt. Doch bevor wir zu diesem Problem zurückkehren, sind noch eingehender die Kräfte zu betrachten, die diese besondere Form der supranationalen Staatsentwicklung fördern.

4.2 Die transnationale Ökonomie als treibende Kraft des einheitlichen Geldes: Zum Primat der Ökonomie in der EU

Um den Prozeß, der zum einheitlichen Geld führte, und die Konsequenzen der administrativen Lösung für die Gestaltung der neuen supranationalen Institutionen der EU zu verstehen, muß nochmals auf die Transnationalisierung der europäischen Ökonomie als treibende Kraft dieses Prozesses hingewiesen werden. Heute ist die EU durch den Binnenmarkt wirtschaftlich weitgehend integriert. Die großen Wirtschaftsgruppen operieren nicht mehr national beschränkt, sondern weiten ihren unmittelbaren Einfluß durch direkte Anwesenheit in allen Nationen der EU transnational aus. Dies ist eine völlig andere Situation als bei der Bildung von Nationalstaaten im vorigen Jahrhundert, die die wirtschaftliche Vereinigung nicht nur auf monetären, sondern auch auf allen anderen Gebieten (Recht, Infrastruktur, Steuern, Staatshaushalt usw.) auf ihrem Territorium herzustellen hatten, um eine nationale Wirtschaftseinheit zu schaffen. Auf dem Binnenmarkt in der EU ist dieser Prozeß schon längst vollzogen, auch wenn noch gewisse institutionelle und rechtliche Ergänzungen vorzunehmen sind.

Wie schon beschrieben, entwickelten sich spätestens ab Beginn der siebziger Jahre auch in der EG die *multinationalen* zu *transnationalen* Unternehmen, die neben ihren Märkten und Produktionsstandorten immer mehr auch die für sie wichtigen Zuliefererketten auf transnationaler Ebene zu organisieren begannen. Zu einer transnationalen Orientierung der Produktion trat das globale Finanzmanagement, das die Reichweite dieser Unternehmen bis in die letzten Ecken der Geld-, Finanz-, Waren- und Arbeitsmärkte ausdehnte und sie schließlich in die Lage versetzte, auch aus ihren Investitionsentscheidungen einen globalen Markt für Produktionsstandorte zu machen. Auch im Dienstleistungsbereich (Consulting, Tourismus, Transport usw.) vollzog sich eine ähnliche Entwicklung.

Ein Unding war unter diesen Bedingungen nicht nur, wie viele behaupteten, daß auf dem Binnenmarkt der EG zwölf verschiedene Währungen zirkulierten. Das Absurde war vielmehr, daß sich plötzlich der relative Wert dieser Währungen untereinander stark verändern konnte. Und das hatte zur Folge, daß sich das in diesem Wirtschaftsraum tätige und sich stark ausdehnende Kapital ebenso plötzlich mit gewissen Vorteilen bzw. Nachteilen konfrontiert sehen konnte je nach der Geldform, die es zu gewissen Zeiten und an gewissen Orten, d. h. Staaten, besaß. Vor allem die transnationalen Konzerne wurden hierdurch der Gefahr ausgesetzt, daß sich der Wert ihres in der EG investierten Kapitals schlagartig veränderte. Eine solche Entwicklung war innerhalb des Nationalstaates aufgrund des einheitlichen Geldes ausgeschlossen.

Nicht die Politik, sondern die Ökonomie drängte die Staaten zur einheitlichen Geldbildung. Denn im globalen Konkurrenzkampf vor allem mit den starken Konzernen mit Hauptbasis in den USA und Japan wurden die europäischen Konzerne durch die Währungsinstabilität in der

EU benachteiligt durch plötzliche währungsbedingte Kapitalverluste, die komplexe Investitionsentscheidungen in kurzer Zeit umstürzen konnten. Dies bedeutete nicht nur die Schwächung der eigenen Wettbewerbsfähigkeit, sondern auch daß sich die Staaten im Falle von Währungskrisen zu Gegenreaktionen veranlaßt sehen konnten, um die wirtschaftliche Integration einzuschränken. Die allgemeine Kapitalmobilität war wegen der unterschiedlichen Geldsysteme von akuten Währungsgefahren auf dem Binnenmarkt der EU bedroht, obwohl diese inzwischen von ihrem Binnenhandel gesehen einen ähnlichen Integrationsgrad wie die USA erreichte. Ökonomisch gesehen konnte die EU an der Integration ihrer Geldsysteme nicht vorbeigehen.

4.3 Die Preisstabilität als diffuses supranationales Ordnungsprinzip

4.3.1 Die politisch disziplinierenden Wirkungen der Währungsunion

Hinter dem Euro steht heute kein einheitlicher Staat. Daran wird sich auch in naher Zukunft nichts ändern. Ohne öffentliche Gewalt läßt sich aber keine Geldwertstabilität herstellen. Nirgends hat es je vertrauenswürdiges Geld gegeben, das nicht von einer Staatsmacht in seinen verschiedenen Funktionen geschützt worden wäre. Auch in der EU wird sich daran nichts ändern.

Angesichts einer mangelnden einheitlichen Staatsstruktur, die die Verantwortung für die Wertstabilität des Euro übernimmt, kann sich die Preisstabilität als ordnungspolitisches Prinzip in der EU nur mittels administrativer Apparate durchsetzen. Sie müssen entsprechende Aufgaben übernehmen. Mangels politischem Rückhalt muß sich der Euro auf diese Apparate verlassen können.

Diese administrativen Apparate bilden schon heute ein supranationales Machtgefüge, das zwar aus den politischen Entscheidungen der Nationalstaaten und ihren Regierungen und Parlamenten hervorgeht, diesen jedoch immer mehr als weisungsbefugte Autorität gegenübertritt. Es handelt sich hierbei um den EG-Rat und die EG-Kommission. Nun gesellt sich ihnen die Europäische Zentralbank hinzu. Sie muß ebenfalls mit weitreichenden Vollmachten ausgestattet werden. Denn es bedarf der Berücksichtigung komplexer Prozesse, um Geldwertstabilität zu sichern, zumal wenn dies auf supranationaler Ebene geschehen soll.

Die Durchsetzung der Preisstabilität als zentrales Ordnungsprinzip mächtiger EU-Verwaltungsapparate wird der politischen Entwicklung in der EU entscheidende Merkmale aufdrängen. Der institutionelle Aufbau ist so konzipiert und wird so gestaltet, daß davon gravierende Rückwirkungen auf die politische Struktur der Nationalstaaten zu befürchten sind. Das anscheinend klare Ziel, den Euro vor dem internen Wertverfall zu schützen, wird die zu diesem Zwecke errichteten Institutionen zwingen, umfassend auf die nationalen politischen Entscheidungsinstanzen einzuwirken, darunter Regierungen und Parlamente, nötigenfalls auch auf das gesamte nationale Verfassungs- und Rechtssystem.

Fatal könnte sich dabei für die vorhandenen demokratischen Strukturen erweisen, daß der politische Sinn der supranationalen administrativen Handlungen verschleiert werden muß. Denn dem supranationalen Apparat der EG in Brüssel ist explizit keine politische Funktion zuerkannt worden, und die Europäische Zentralbank hat sie auch nicht. Aber als Staatsaufgabe ist die Erhaltung der Geldwertstabilität eminent politisch. In der EU ist sie jedoch zur administrativen Aufgabe gemacht worden. Die Konsequenz ist, daß die EU-Bürokratie zur Erfüllung ihrer Aufgaben die politische Entmachtung der die Geldentwicklung beeinflussenden politischen Instanzen der Nationalstaaten fordern und auch zur Voraussetzung haben wird.

Die Erhaltung der Preisstabilität wird sich somit, je weiter sich die Verantwortung hierfür von der Europäischen Zentralbank und ihrer Geldpolitik entfernt, zu einem außerordentlich diffusen Ordnungsprinzip entwikkeln. Denn jede Stelle, die auf nationaler Ebene den Anschein erweckt, sich von den Direktiven der Europäischen Zentralbank zu entfernen, wird ein solches Ansinnen legitimieren müssen. Jede besondere Entscheidung der demokratisch legitimierten Nationalstaaten wird mit der Maxime der allgemeinen Preisstabilität konfrontiert werden, während die hierfür zuständige Europäische Zentralbank niemals für die besonderen Auswirkungen ihrer Handlungen wird Rechenschaft ablegen müssen. Es wird zu einer völligen Verkehrung von demokratischen Ordnungsprinzipien kommen, von der zu Recht behauptet wurde, sie drehe das Rad der Geschichte zurück (Lamprecht, S. 506).

4.3.2 Allgemeine und nationale Preisstabilität: Die Verantwortung der Europäischen Zentralbank

Es ist wichtig, an die Prinzipien der Geldpolitik der Europäischen Zentralbank zu erinnern, um die tatsächlichen Gefahren zu erkennen: Sie wird eine Geldmenge definieren, die nach dem Kriterium ihrer Direktoren die Preisstabilität gewährleistet. Wie diese Preisstabilität im einzelnen ermittelt werden soll, darüber ist bisher nur soviel gesagt worden, daß es wie gehabt auf der Grundlage einer getrennten Messung der Lebenshaltungskosten in jedem Nationalstaat geschehen wird. So wird statistisch auch ermittelt werden können, daß – ähnlich wie in den Nationalstaaten, in denen regional unterschiedliche Preisentwicklungen anzutreffen sind – innerhalb der EU einzelne Nationalstaaten unterschiedliche Inflationsraten aufweisen. Doch diese unterschiedlichen Inflationsraten auf die Geldpolitik der Zentralbank oder auf allgemeine Wirtschaftsentwicklungen in der EU zu beziehen, wird außerordentlich schwer sein. Es ist ja schon im nationalen Rahmen kaum möglich, die regional unterschiedlichen Auswirkungen einer einheitlichen Geldpolitik der jeweiligen Zentralbank zu ermitteln, obwohl es sie selbstverständlich gibt. (Die Probleme der Preismessung sind übrigens in den USA, wo eine besondere Senatskommission, die sogenannte Boskin-Kommission, zur Untersuchung der Aussagefähigkeit des Indexes für die Lebenshaltungskosten gebildet wurde, als weitaus gravierender erkannt worden, als es die z. T. hilflosen Erklärungen europäischer Zentralbanken in dieser Angelegenheit vermuten lassen; vgl. Greenspan 1997.)

Folglich wird bei unterschiedlichen nationalen Inflationsraten die Europäische Zentralbank kaum, ja niemals für diese Unterschiede verantwortlich gemacht werden können. Die Verantwortung wird immer auf die Nationalstaaten zurückfallen. In diesen werden, falls die Preissteigerungsrate über dem Durchschnitt liegt, die Regierungen die Tarifparteien und die gesamte Bevölkerung ohne Rücksicht auf andere soziale und wirtschaftliche Entwicklungen zu einem antiinflationären Kurs auffordern.

Auf den ersten Blick scheint es sich hier um eine logische und rationale Konstruktion zu handeln. Als allgemeiner Wächter der Geldwerterhaltung wird die Europäische Zentralbank die nach bestem Wissen und Gewissen vertretbare Geldmengenpolitik betreiben und nur dann Anlaß haben, sie zu korrigieren, wenn es in der gesamten Währungsunion zu einem übermäßigen Preisanstieg (den Deflationsfall lassen wir unberücksichtigt) kommt. Jede Abweichung von der allgemeinen Tendenz wird als nationale Besonderheit gewertet werden, die der Zentralbank das Recht einräumt, indirekt in die Nationalstaaten hineinzuregieren. Sie wird wirtschaftspolitische Forderungen stellen, um den Preisanstieg zu bremsen, und bei Nichterfüllung auch mit erheblichen Geldsummen sanktionieren können. So wird die allgemeine Stabilität gewahrt werden können.

Doch bei näherer Betrachtung zeigt sich die Engstirnigkeit dieses Ansatzes: Selbstverständlich wird sich eine einheitliche Geldpolitik angesichts der gravierenden strukturellen wirtschaftlichen Unterschiede zwischen den Nationalstaaten der EU in diesen unterschiedlich auswirken. Auf die einheitliche Geldpolitik wird also zum Zwecke der Preisstabilität auf nationaler Ebene in den einzelnen Staaten auch unterschiedlich reagiert werden müssen. Diese Reaktionen werden aber nicht auf eine Nation beschränkt bleiben, da die EU einen einheitlichen Binnenmarkt geschaffen hat, der die jeweiligen konkreten Bedingungen der Wirtschaftsentwicklung in der gesamten EU maßgeblich beeinflußt.

Auf nationaler Ebene lassen sich unterschiedliche Entwicklungen relativ leicht korrigieren. Mit ihren Haushalten, dem Finanzausgleich, den zentralen Zuwendungen an die Kommunen, mit gezielten Infrastrukturmaßnahmen und Subventionen und mit anderen fiskal-, steuer-

und wirtschaftspolitischen Instrumenten besitzen die Nationalstaaten die Fähigkeit, die einzelnen Wirtschaftsregionen, Kreise, Kommunen und Länder bei der Bekämpfung von Inflation usw. zu unterstützen. Nicht nur die relative Angleichung des Lebensstandards der Bürger in den einzelnen Regionen, sondern auch ein allgemeiner Durchschnittswert, und somit auch eine gewisse Wertstabilität des nationalen Geldes, wurden auf diese Weise erreicht. Die Nationalstaaten brauchen einzelne Regionen, Bundesländer usw. nicht dafür verantwortlich zu machen, wenn ihre Inflationsrate zu hoch ist. Die Deutsche Bundesbank kann auch nicht ein beliebiges Bundesland zur Rechenschaft ziehen, wenn sich die Preisentwicklung dort gegenüber einem anderen beschleunigt. Der nationale Staat übernimmt die Gesamtverantwortung und versucht unter Beibehaltung aller anderen wirtschaftlichen und sozialen Verpflichtungen die Preisentwicklung zu beeinflussen. Das konnte auch eine unabhängige Zentralbank nicht verhindern. In der EU wird sich die Lage aber ganz anders darstellen.

4.3.3 Unterschied zwischen nationaler und supranationaler Unabhängigkeit der Zentralbank

Die EU verfügt nicht über einen gemeinsamen Haushalt oder andere Instrumente, die eine im obigen Sinn vereinheitlichende Rolle übernehmen könnten. Der gemeinsame Haushalt der EG-Kommission erreicht kaum 2% des Bruttoinlandsprodukts der EU-Staaten und ist durch feste Verpflichtungen in einzelnen Bereichen (gemeinsame Agrarpolitik usw.) zu mehr als 80% gebunden. Jährlich führen die einzelnen Nationalstaaten Buch darüber, wieviel sie eingezahlt und wieder zurückbekommen haben. Und wenn den Regierungen das Verhältnis nicht angemessen erscheint, fordern sie Korrekturen zu ihren Gunsten.

Auch die Stellung der Europäischen Zentralbank wird in der EU ganz anders sein als die unabhängiger Zentralbanken auf nationaler Ebene, so sehr auch ihre Funktionen ähnlich definiert wurden. Dieser Unterschied ergibt sich daraus, daß die nationalen Zentralbanken »unabhängig« gegenüber den Staatsgewalten – Exekutive, Legislative und Judikative – sein mögen, aber eben nicht unabhängig vom eigenen Staat. Sie sind in das politische System der nationalen »checks and balances«, Kontroll- und Ausgleichssysteme integriert. Dieses setzt ihren Handlungen, besonders aber den Wirkungen ihrer Handlungen, Grenzen. Diese können und werden nämlich von den Wirkungen der Handlungen anderer Staatsinstanzen wesentlich beeinflußt bzw. konterkariert. Erst im Zusammenwirken aller ergeben sich die einzelnen Entwicklungen, zu deren Messung geeignete statistische Indikatoren entworfen wurden bzw. werden können.

Als könne diese Binsenwahrheit vergessen werden, sieht das Europäische Zentralbanksystem keine Eingliederung in ein nationenübergreifendes System der wirtschaftspolitischen Konsensbildung und Entscheidung vor. Die nationalen Auswirkungen der gemeinsamen Geldpolitik sollen die Allgemeinheit nur insoweit beschäftigen, als die Nationen zur Anpassung an die Maxime der inneren Preisstabilität gezwungen werden. Die Allgemeinheit verzichtet aber darauf, ihre Geldpolitik im breiteren Rahmen demokratischer Strukturen anzusiedeln, die ihre wirtschaftspolitischen Handlungsmöglichkeiten wesentlich erweitern. Auf EU-Ebene soll Geldpolitik pur betrieben werden.

Doch damit wird ein gefährlicher Weg beschritten. Da

es für die Europäische Zentralbank anders als für die Nationalstaaten keinen anderen Auftrag als die Preisstabilität gibt, kann sie sich nicht um Zielkonflikte, d. h. um Widersprüche der wirtschaftlichen Entwicklung, kümmern. Sie muß diese Widersprüche ignorieren. Aber dies kann auf Gemeinschaftsebene nirgends mehr korrigiert werden. Es gibt keine Institution für einen Interessenausgleich, keine Regierung und kein Parlament, die die Zentralbank veranlassen könnten, die Korrektur nationaler Fehlentwicklungen zur Gemeinschaftsaufgabe zu machen. Und es gibt keine gemeinschaftliche Instanz, die in der Lage wäre, gegen die niemals auszuschließenden negativen Auswirkungen der gemeinsamen Geldpolitik auf einzelne Nationen auch unter Einsatz des Instrumentariums anderer Staaten vorzugehen. Die EU wird in ihrer gemeinsamen Geldpolitik politisch und institutionell amputiert.

4.4 Supranationale Funktionsauslagerung und fehlende Verfassung: Kann dieser Mangel ignoriert werden?

Es ist ein Trugschluß, aus der bisherigen Funktionsfähigkeit der EU zu folgern, die verfassungsmäßig kaum ausgestaltete Funktionserweiterung der supranationalen Institutionen würde sich ohne gravierende Konsequenzen für die Nationalstaaten und ihre demokratischen Grundstrukturen verwirklichen lassen.

Nicht wenige Beobachter machen es sich in dieser Hinsicht außerordentlich leicht. Wohlmeinende Interpretationen müssen zur Begründung der These herhalten, daß das Fehlen einer europäischen Verfassung trotz zunehmender Macht der supranationalen Institutionen überhaupt keine Bedeutung habe. Im Gegenteil: Gerade deren Fehlen erlaube es diesen Institutionen, erfolgreich zu sein. Die Erfolge beruhten auf der immanenten Entpolitisierung der EU, wird behauptet. Ihrer administrativen Ausgestaltung wird als solcher der Charakter einer Verfassung angedichtet. Aus ihren organisatorischen Vorkehrungen wird eine Verfassung gezaubert, die für die der Union zugedachten Zwecke ausreiche. Aus dem abstrakten Postulat, daß die Gemeinschaftsorgane der EU und ihr administrativer Apparat bisher »erfolgreich« gewesen seien, wird der Schluß gezogen, sie würden das Gemeinschaftsinteresse vertreten:

Die Erfolge der EG beruhen auf ihren strukturellen organisatorischen, prozessualen, also verfassungsmäßigen Grundlagen. Die Europäische Kommission ermittelt und vertritt das Gemeinschaftsinteresse. (Nass, S. 1)

Sinngemäße Zitate ließen sich reihenweise anführen. Ihre Konsequenz: Europa braucht weder eine neue Verfassung noch eine politische Bewegung, die der Bevölkerung der EU die Entscheidung über die Ausgestaltung der supranationalen Institutionen zugesteht.

Der Integrationsprozeß der Staaten der Europäischen Union muß im Fluß bleiben. Ein Verfassungsgeber (pouvoir constituant) ist weder erkennbar noch im Augenblick erforderlich. Die Europäische Union hat ihre Verfassung in Form ihrer Gründungs- und Folgeverträge, die zwar zwischen den Mitgliedsstaaten geschlossen wurden, die die EU-Bürger aber direkt berechtigen und verpflichten. Erforderliche Reformen können durch Änderung dieser Verträge verwirklicht werden. (Nass, S. 4)

Nicht weniger eloquent wird die Meinung vertreten, die Politische Union fange nicht bei der politischen, d.h. auch verfassungsmäßigen Ausgestaltung des neu zu gründenden Europäischen Staats, sondern bei einer grundlegenden Transformation der Nationalstaaten an. Denn auch die Währungsunion führe nicht direkt zu einem Staats- und Bevölkerungsverhalten, das die Geldwertstabilität sichere. Die Europäische Zentralbank könne an den nationalstaatlichen Unzulänglichkeiten scheitern. Die Nationalstaaten müßten erst einmal lernen, ihre Ordnungs- und andere Politiken abzutreten – an eine selbstverständlich politisch unbeeinflußbare Zentralbank oder an eine supranationale Institution, der – wie gesehen – abstrakt die Vertretung der Gemeinschaftsinteressen zugesprochen wird. Das sei eben der wirkliche Beginn einer Politischen Union:

> Kann das supranationale Geld sui generis die stabilitätspolitische Konvergenz der teilnehmenden Länder sichern, und zwar auch im finanz- und lohnpolitischen Tagesgeschäft, in dem das kurzfristige Kalkül oft mehr zählt als die langfristige Perspektive? Das mag man vielleicht hoffen – aber sich darauf verlassen? Diese Fragen weisen auf eines hin: Die Stabilitätsorientierung der Teilnehmerländer muß nicht nur zu Beginn vorhanden sein, sie muß auch bewahrt bleiben. Das verlangt den dauerhaften politischen Willen zur Stabilität. Und das heißt, die Länder müssen bereit sein – über den Verzicht auf eine eigenständige Geldpolitik hinaus –, ein Stück weit nationale Souveränität abzutreten. Das gilt natürlich für die Ordnungspolitik. Das gilt sicher auch für die Finanzpolitik. Und diese Kompetenz – das muß man klar sehen – gehört zum Kernbereich des souveränen Staates. Hier beginnt die Politische Union. (Tietmayer 1995, *BAP* 76/1995)

Was gilt nun? Berührt die Währungsunion fundamentale demokratische Prinzipien der Nationalstaaten, so daß zumindest aus Gründen politischer Redlichkeit zugestanden werden müßte, daß über die Verfaßtheit der Institutionen wenigstens zu diskutieren wäre, denen die Durchsetzung wichtiger Ordnungsprinzipien jetzt übertragen wird. Oder haben wir es »nur« mit einem Prozeß zu tun, der eigentlich keine fundamentalen politischen

Veränderungen der nationalen Staatsstrukturen, sondern allein neuartige, erfolgreiche, effiziente, wissenschaftlich neutrale und interesselose administrative Organe supranationaler Art ins Leben ruft? Und werden sich diese Organe in die demokratischen Strukturen der Nationalstaaten einfügen und diese stärken, oder werden sie deren funktionale und institutionelle Aushöhlung, die durch die Globalisierung sowieso schon voranschreitet (vgl. Narr/Schubert, Kap. III), noch weiter vorantreiben?

So wie sich die Institutionen der EU heute entwickeln, ist letzteres zu befürchten. (Siehe dazu den nachfolgenden Exkurs zur EU-»Verfassung« am Ende dieses Kapitels.) Die Ansätze sind vorhanden, daß der heutige »Minimalansatz« einer Politischen Union, der durch die Maastricht-Verträge verwirklicht wird (Tietmayer 1995), zu einer Aushöhlung der verbleibenden demokratischen Ansprüche der europäischen Rechtsstaaten – von Sozialstaaten kann sowieso keine Rede mehr sein – führt. Denn die EU-Verträge schreiben die Übertragung von entscheidenden Staatsfunktionen – nicht nur im Geld- und Währungsbereich – auf einen supranationalen Verwaltungsapparat fort, ohne den geringsten Versuch zu unternehmen, diesen Apparat einer ihm übergeordneten und durch die Volkssouveränität legitimierten Kontrollinstanz zu unterwerfen.

Die Macht und Verantwortung der supranationalen Apparate werden vergrößert, die demokratischen Einfluß- und Kontrollmöglichkeiten bleiben überall national beschränkt. Schlimmer noch: Sie werden zunehmend entmachtet. Denn um »erfolgreich« zu sein, müssen die supranationalen Verwaltungsapparate den demokratisch legitimierten Institutionen der Nationalstaaten – Regierungen, Parlamenten, Gewerkschaften usw. – vorschreiben, wie sie sich zu verhalten haben. Der Weg wird frei gemacht, damit sich von der supranationalen Ebene aus verstärkt administrativ-autoritäre Tendenzen in Europa ausbreiten.

4.5 Zurück zum Primat der Politik

Was nationalistische Gegner der Währungsunion als deren Gefahren beschwören und zum Beispiel in Deutschland dem Bundesverfassungsgericht als Grund für ein Anti-Euro-Urteil andienen wollten, ist ein guter Orientierungspunkt für die Entwicklungen, die eigentlich in Europa zu fördern wären. Denn im Mittelpunkt dieser Kritik steht der Gedanke, die Nationalstaaten Europas führen besser, wenn sie dem Konkurrenzkampf der transnationalen Konzerne allein gegenübertreten und folglich keine Versuche unternehmen, gemeinsam die Voraussetzungen zu schaffen, um der politischen Definitionsmacht des transnationalen Kapitals eine öffentliche Gegenmacht entgegenzusetzen.

Sie stehen dem Primat der Ökonomie in der europäischen Staatsentwicklung keineswegs feindlich, sondern offen zustimmend gegenüber. Sie wollen diesem zur vollständigen Durchsetzung verhelfen. In Übereinstimmung mit vielen offiziellen Verlautbarungen fordern sie daher, daß weder der Beitritt, noch die Organisation, noch die weiteren Foren der supranationalen Staatszusammenarbeit die Stabilitätsvoraussetzungen der neuen Währung gefährden dürfen. Und sie greifen all die Unkenrufe auf, die der Währungsunion voraussagen, sie werde sich unweigerlich zu einer internationalen Solidargemeinschaft entwickeln, in der reichere Staaten mit überzogenen und völlig unbegründeten Finanzanforderungen seitens der schwächeren Staaten konfrontiert werden würden.

Die Transnationalisierung der Ökonomie in Europa ist

der Ausgangspunkt jeder demokratischen Politik. Gefahren drohen im wesentlichen aus zwei Richtungen: daß die Nationalstaaten allein im transnationalen Konkurrenzkampf bestehen wollen und in der Standortanbiederung den einzigen Ausweg für den Erhalt oder die Herstellung ihrer Konkurrenzfähigkeit gegenüber anderen Staaten suchen. Oder daß das zur Beibehaltung der Konkurrenzfähigkeit der europäischen Staaten hergestellte supranationale Bündnis ausschließlich den ökonomischen Ansprüchen der transnationalen Kapitalexpansion folgt und die wesentlichen sozialstaatlichen Verpflichtungen aufgibt, die mit großer Mühe in der Nachkriegszeit nicht nur abstrakt postuliert, sondern zum wesentlichen Teil auch realisiert wurden.

Europa braucht eine Verfassung. Darin hat K. Koch (1996) wie viele andere recht. Nachdem bei dem einzigen einschlägigen Fall – der Vereinigung Deutschlands –, der in den letzten Jahrzehnten überhaupt zur Diskussion stand, die Forderungen nach einer neuen Verfassung kläglich gescheitert sind, scheint es keine berechtigte Hoffnung zu geben, eine öffentliche Diskussion zur europäischen Verfassung könne andere Resultate ergeben. Wie sehr würde sich aber das demokratische Klima in Europa beleben, wenn z. B. aus dem gegenwärtig völlig auf dem politischen Abstellgleis stehenden Europäischen Parlament zu vernehmen wäre, es gedenke sich zur Europäischen Verfassungsversammlung zu konstituieren, und die Öffentlichkeit erführe, daß sich gewichtige politische Parteien der Nationalstaaten zusammengefunden hätten, um dieses Ansinnen notfalls auch gegen ihre Regierungen zu unterstützen?

Dem Aufruf würden die nationalstaatlich Bornierten wütend die Sinnlosigkeit dieses Unterfangens vorwerfen. Sie würden die sich dem Aufruf anschließenden nationalen Parteien des Verrats nationaler Interessen bezichtigen und den Bürgern weismachen, in Zeiten akuter Wirtschaftsprobleme müsse zuerst an die Lösungen der eigenen Arbeitsmarkt-, Haushalts-, Verteilungs- und anderen Schwierigkeiten gedacht werden. Die gleiche nationalistische Kleinkariertheit rührt jedoch nicht einmal den kleinen Zeigefinger, um die Bürger darüber aufzuklären, wie sehr sie durch den ungehemmten transnationalen Konkurrenzkampf nicht nur politisch, sondern existentiell bedroht werden.

Nun kann man sich kaum vorstellen, daß gerade das Europäische Parlament, von dem man nur selten hört, zum Bannerträger einer neuen europäischen Verfassung wird – oder daß es wenigstens seine geringen Mittel dafür einsetzt, damit die Öffentlichkeit über das tatsächliche Ausmaß der Verselbständigung der supranationalen Institutionen aufgeklärt wird. Auch andere Akteure, die eine europäische Verfassung propagieren, lassen sich nicht ausmachen. Dennoch muß man deshalb nicht auf die Forderung nach Wiederherstellung des Primats der Politik und Ausweitung der liberalen Freiheiten in der europäischen Staatsentwicklung verzichten.

4.6 Exkurs zur undemokratischen Verfaßtheit der EU

Die EU basiert auf drei »Säulen«:

1. den Europäischen Gemeinschaften mit der EU (ehemals EWG bzw. EG), der EAG (Europäische Atomgemeinschaft) und der EGKS (Europäische Gemeinschaft für Kohle und Stahl)
2. der gemeinsamen Außen- und Sicherheitspolitik (GASP)
3. der gemeinsamen Innen- und Rechtspolitik.

Auf der ersten Säule liegt das Schwergewicht der EU. Im Rahmen der Europäischen Gemeinschaften haben die Mitgliedsstaaten Souveränitätsrechte an sie abgegeben. Die zwei anderen »Säulen« beschränken sich auf intergouvernementale Zusammenarbeit. Insgesamt kann im Hinblick auf die EU von einer Staatengemeinschaft mit institutionalisierter Zusammenarbeit gesprochen werden (Art. B EUV).

Die EU ist, wie die EG, ein völkerrechtlicher Zusammenschluß. Grundlage ihres Handelns sind völkerrechtliche Verträge unter Nationalstaaten. Als »Herren der Verträge« sind diese Staaten der europäische »Verfassungsgeber«. Europäisches »Verfassungsrecht« ist Vertragsrecht und wird als primäres Europäisches Unionsrecht (EUR) bezeichnet. Dieses räumt den Gemeinschaftsorganen Kompetenzen ein und regelt das Verfahren zum Erlaß von sekundärem EUR (Verordnung, Richtlinie, Entscheidungen, Stellungnahmen, Empfehlungen), das sozusagen das einfache Recht der EU darstellt. Dieses europäische Verfassungsrecht wird aber nicht durch Volksentscheid legitimiert.

Infolge mangelnder Gewaltenteilung, die durch ein legislativ weitgehend ohnmächtiges Europäisches Parlament gekennzeichnet ist, sowie durch die eigentümliche legislative Gewalt von Vertretern nationaler Exekutiven spottet der Prozeß der supranationalen Rechtsetzung demokratischen Prinzipien Hohn. Kritiker haben darauf hingewiesen, daß inzwischen der deutsche Euro-Bürger vom Idealbild der Demokratie, in der alle Gewalt vom Volke ausgeht, wieder so weit entfernt ist wie einst die »Untertanen in wilhelminischer Zeit« (Lamprecht).

Obendrein erfolgt die EU-Rechtsetzung weitgehend ohne demokratische Kontrolle. Zwanzig »Kommissare« (darunter zwei Deutsche) bereiten die »Richtlinien« vor, die dann von einer Ministerrunde verabschiedet werden. Dieser »Rat« ist – der Gewaltenteilung zum Hohn – ein staatsrechtliches Ungetüm: Regierung und Gesetzgeber in einem. Seine Mitglieder werden von den Kabinetten ihrer Heimat entsandt, sie müssen sich in ihrer Brüsseler Funktion keiner Wahl stellen und sind daher auch nicht genötigt, um Verständnis zu werben, geschweige denn sich zu rechtfertigen. Ihre Legitimation ist hauchdünn. Sie besteht nur darin, daß sie Minister einer Regierung sind, die aus demokratischen Wahlen hervorgegangen ist. Gleichwohl haben sie mehr Macht und Einfluß als der Bundestag in seiner Gänze. (Lamprecht)

In erster Linie ist die EU eine Rechtsgemeinschaft. Ihre Ziele verwirklicht sie durch Rechtsakte. Dazu haben ihr die Mitgliedsstaaten in den Verträgen entsprechende Befugnisse übertragen. Es handelt sich dabei um finale Kompetenzzuweisungen, die auf die Erreichung bestimmter Ziele beschränkt sind. Man spricht von der »begrenzten Einzelermächtigung« (frz. compétence d'attitudes). Die Kompetenztitel ermächtigen nicht zu Handlungen in festgelegten Sachgebieten im Sinne eines Kompetenzkatalogs, sondern lediglich zur gemeinsamen Erreichung des in den Verträgen bestimmten Gemeinschaftsziels.

Die Abgrenzung der Kompetenzsphären von EU und den nationalen Mitgliedsstaaten ist jedoch völlig unklar. Auf die EU sind umfangreiche Verwaltungsaufgaben übertragen worden, für deren Erfüllung der Erlaß von weitreichenden Rechtsnormen erforderlich ist. Aber die EU besitzt keine Legislative im eigentlichen Sinn.

Das Europäische Parlament ist kein Parlament im traditionellen Sinn, sondern eine Karikatur der Parlamente demokratisch verfaßter Staaten. Es erfüllt nur beschränkt Kontrollaufgaben. Die Sitzverteilung erfolgt nach einem »gewichteten Schlüssel« – den Staaten steht gemäß ihrer Bevölkerungszahl eine bestimmte Anzahl von Sitzen zu. Der Haushalt wird vom Rat und dem Europäischen Parlament festgestellt. Dabei hat dieses das Recht, ihn »aus wichtigen Gründen« insgesamt abzulehnen. Ähnliches gilt in bezug auf die Ernennung der Kommissare. Am Rechtsetzungsverfahren ist aber das Europäische Parlament nur sehr beschränkt beteiligt. Seine Kompetenzen reichen von Zusammenarbeitserfordernissen über Anhörungsrechte bis zur Mitentscheidung – die allesamt nur eine Minimalversion der legislativen Entscheidungsgewalt von nationalen Parlamenten sind.

Die EU-Organe, deren Ursprung und Existenz auf Initiativen der nationalen Exekutiven zurückgeht, sind zu rechtsetzenden und rechtsausführenden Tätigkeiten am Parlament vorbei ermächtigt. In der EU ist also die traditionelle Gewaltenteilung der Nationalstaaten auf supranationaler Ebene aufgehoben. Mehr noch: Durch die EU kann von den nationalen Exekutiven die nationalstaatliche Gewaltenteilung supranational umgangen werden. Die nationalen Exekutiven haben nämlich die Möglichkeit, durch EU-Rechtsakte an ihren nationalen Parlamenten vorbei legislativ tätig zu werden. Der Europäische Gerichtshof hat mit Unterstützung z. B. auch des deutschen Bundesverfassungsgerichts diese Prozedur legitimiert.

Kritikern der undemokratischen Strukturmerkmale der EU ist vorgeworfen worden, sie würden den Demokratiebegriff überziehen, wenn sie ihn auch auf die supranationalen Staatsstrukturen der EU anwenden wollten. Es gelte nämlich zu berücksichtigen, daß die supranationale Struktur sich erst Schritt für Schritt entwickle, daß von Verselbständigung der supranationalen Bürokratien nicht die Rede sein könne, weil die EU-Organe weiterhin, vermittelt über die nationalen Exekutiven, der Kontrolle durch die nationalen Parlamente unterliegen. Die demokratische Legitimität der EU könne daher nicht bezweifelt werden.

> Es ist unbestreitbar, daß die Gemeinschaft ebenso wie ihre Mitgliedsstaaten auf demokratische Legitimation angewiesen ist. Es ist indes verfehlt, den traditionellen Demokratiebegriff des Nationalstaates als Maßstab für die Beurteilung der Legitimation der anders ausgestalteten Entscheidungsmechanismen der EG zugrunde zu legen. Denn die EG unterliegt (ebenso wie die EU) als ein auf fortschreitende Integration angelegter Staatenverbund anderen politischen und institutionellen Bedingungen als etwa die Bundesrepublik Deutschland. Das System der Gewaltentrennung zwischen gesetzgebender, ausführender und rechtsprechender Gewalt läßt sich nicht ohne weiteres auf die Funktionen und Kompetenzen der Organe der Gemeinschaft übertragen. Insbesondere gibt es keine von der Mehrheit im Europäischen Parlament getragene Regierung. Sie ist auch nicht... im Rat angesiedelt. Vielmehr sind die Mitglieder des Rates nicht dem Europäischen Parlament, sondern ihren jeweiligen nationalen Parlamenten verantwortlich. Die demokratische Legitimation in der EG ist deshalb vor dem Hintergrund der Besonderheiten der europäischen Integration zu beurteilen. (Bandilla, Hix, S. 1217)

Doch dieser Charakterisierung liegt ein grundsätzlicher Fehler zugrunde. Es wird der Eindruck erweckt, als bestünde zwischen der Ausgestaltung der neuen supranationalen Ordnung und der Beibehaltung der gegenwärtigen nationalstaatlichen Strukturen in der EU kein Widerspruch, als ließen sich die Rechtsetzungsfähigkeit und administrative Vollmacht der supranationalen Institutionen der EG ohne Widerspruch zur demokratischen Gestaltung der Nationalstaaten weiterentwickeln. Zu dieser Hoffnung besteht jedoch nicht der geringste Anlaß.

5. Der Euro in der Weltwirtschaft

Mit dem Euro wird sich das internationale Währungssystem erheblich verändern. Der Euro wird in einem Binnenmarkt zirkulieren, der dem der USA entspricht und den von Japan wesentlich übertrifft. Mit größerem Gewicht als die bisherigen nationalen Währungen der EU wird er mit dem Dollar und dem Yen um die Anerkennung als internationale Reservewährung konkurrieren. Er wird sich als geeignete Geldform für das weltweit anlagesuchende Kapital präsentieren und seinen Anteil an den weltweiten Finanzmärkten ausdehnen wollen. Und er wird unweigerlich auch außerhalb der EU einen wesentlichen Anteil an der ausländischen Geldzirkulation vieler Staaten erobern. Aber er wird auch das bisherige Verhältnis der europäischen Währungen zum Dollar verändern. Die EU wird durch die Währungsunion einen größeren Einfluß auf die Weltwirtschaftsentwicklung gewinnen.

Daraus folgt in Übereinstimmung mit der Darstellung im vorigen Kapitel, daß die politischen Entwicklungsformen der Währungsunion wesentlichen Einfluß nicht nur auf die einzelnen teilnehmenden Staaten haben werden, sondern auch auf viele andere Staaten in der Welt. Eine bürokratisch und autoritär-administrative EU könnte ihren demokratischen Mangel sehr schnell über ihren zunehmenden wirtschaftlichen Einfluß weltweit exportieren. Eine demokratisch neuverfaßte europäische Nation könnte der Welt auf dem gleichen Wege – so wie die USA nach dem Zweiten Weltkrieg – die Ausweitung der bürgerlichen Freiheiten nachahmungswürdiger machen.

5.1 Zur Veränderung der Weltwährungsbeziehungen durch den Euro

5.1.1 Absolute und relative Zunahme des monetären Einflusses der Europäischen Währungsunion

Das neue Geld der EU wird zwar einen sozial segmentierten, aber dennoch mächtigen Wirtschaftsraum monetär symbolisieren. Das supranationale Einheitsgeld macht die Euro-Zone mit den Vereinigten Staaten vergleichbar, sie übertrifft sogar deren Binnenmarkt. 1996 betrug der Anteil der Europäischen Union am Bruttoinlandsprodukt aller OECD-Länder ca. 40 %, gegenüber 32,5 % für die Vereinigten Staaten und 20,5 % für Japan. Den innergemeinschaftlichen Handel nicht eingerechnet, beträgt der Welthandelsanteil der EU etwas über 20 %, und der der USA liegt geringfügig darunter. Japans Anteil beläuft sich auf etwa 10 %. Wenn nun die europäischen Konzerne sich auf diesem Binnenmarkt auch monetär wie innerhalb einer einzigen Nation bewegen, so werden sie davon erheblichen Nutzen haben. Für den größten Teil ihrer Geschäfte werden sie von nun an monetäre Stabilität genießen und keine Kapitalverluste durch Währungskrisen befürchten müssen.

Der Öffnungsgrad der Mitgliedsstaaten der Europäischen Union (Anteil der Ausfuhren am Bruttoinlandsprodukt) erreichte 1997 im Durchschnitt 30 %, während die Werte für die Vereinigten Staaten und Japan 8 % bzw. 9 % lauten. In einigen Mitgliedsstaaten liegt der Öffnungsgrad weit über diesem Wert (Belgien und Irland: über 60 %). Wird der innergemeinschaftliche Handel nicht berücksichtigt, so gibt sich für die Euro-Zone ein Öffnungsgrad von 10 %, was dem Niveau der Vereinigten Staaten und Japans entspricht. Währungsrisiken werden für die transnationalen Unternehmen der EU denen der USA entsprechen.

Die Wettbewerbsbedingungen der europäischen und US-amerikanischen transnationalen Konzerne werden dadurch angeglichen. Denn mit der Währungsunion geht die Bedeutung des Handels, der außerhalb des nun integrierten Währungsgebiets stattfindet, für alle Staaten der Währungsunion wesentlich zurück. Statistisch gesehen müßte sich auch der als »Welthandel« bezeichnete internationale Waren- und Dienstleistungsverkehr vermindern. Aber in der EG soll dieser zwischenstaatliche Verkehr weiterhin als »Außenhandel« bezeichnet und erfaßt werden, obwohl er monetär mit dem Euro abgewickelt wird – so etwa, als würde in Deutschland der Warenhandel zwischen Bayern und Sachsen oder zwischen anderen Bundesländern statistisch besonders erfaßt werden.

Ebenso wichtig wie die Festigung einer wesentlich erweiterten »Heimat«-Basis für transnationale Unternehmen aus Europa ist die Tatsache, daß durch die Währungsunion der äußere Wert des Euro – also sein Verhältnis zu anderen wichtigen Währungen – wesentlich schwieriger zu beeinflussen sein wird als zuvor der Wert jeder einzelnen nationalen Währung der EU-Staaten. Spekulanten werden es wesentlich schwieriger haben, für oder gegen den Euro anzutreten, als für oder gegen irgendeine der vorherigen nationalen Währungen. Und umgekehrt: Vom Durchschnitt der EU abweichende Entwicklungen in den Nationalstaaten, die sich früher in einer starken Veränderung ihres Wechselkurses zum Dollar niederschlugen, waren oftmals Ursache für gravierende Wechselkursveränderungen zwischen allen anderen EU-Währungen. Solche unmittelbaren Wirkungen wird es jetzt nicht mehr geben. Sowohl nach innen als auch nach außen besitzt der Euro eine wesentlich stärkere monetäre Stabilität als zuvor die nationalen Währungen.

Mit dieser größeren Stabilität erhöhen sich parodoxerweise aber auch die Gefahren. Denn die Währungsunion wird über kein abgestimmtes »Risiko-Management«, vergleichbar dem der Nationalstaaten, verfügen. Liquiditäts- oder Solvenzkrisen in den nationalen Banken- und Finanzsystemen werden weiterhin eine nationale Angelegenheit bleiben. Ein supranationaler Hilfefonds wird zu diesem Zwecke nicht gebildet werden, die nationalstaatlichen Kreditkontrollen werden nicht auf die EU-Ebene projiziert werden. Vereinbarungen zur kollektiven Bewältigung von Krisensituationen gibt es nicht, und unter den gegebenen Voraussetzungen ist auch nicht davon auszugehen, daß sie geschlossen werden. Finanzkrisen werden die Einzelstaaten mit ihren beschränkten Mitteln bekämpfen müssen. Vorbeugende Maßnahmen werden aber immer fehlen, da sich kein Nationalstaat dafür verantwortlich fühlen wird.

Der erhöhten inneren und äußeren Währungsstabilität steht also die Bedrohung gegenüber, daß sich eine Finanzkrise in einem Nationalstaat in allen Staaten der EU ausbreitet, ohne daß kollektiv dagegen vorgegangen werden könnte. Sobald das spekulative Kapital die sich hierdurch bietenden Möglichkeiten entdeckt hat, wird die neugewonnene äußere Wechselkursstabilität verlorengehen. Wohl darauf basieren Voraussagen, auf die zurückzukommen sein wird, daß im Wechselkurs zwischen Euro und Dollar doch eine große Unbeständigkeit herrschen wird.

5.1.2 Zur Rolle des Euro als Reservewährung und fremdes Geld in der Geldzirkulation anderer Staaten

Bei den internationalen Devisenreserven der Zentralbanken in aller Welt hat sich seit dem Zusammenbruch des Bretton-Woods-Systems eine große Verschiebung ergeben. Insgesamt hatten 1997 diese Zentralbanken Devisenreserven in Höhe von umgerechnet ca. 1500 Mrd. Dollar angesammelt. Der Anteil des Dollar fiel zwischen 1970 und 1995 von 76 auf 61%, der Anteil der europäischen Währungen nahm von 14 auf 20% zu. Auf die DM entfielen etwa 14%. Sicherlich wird der Euro dazu beitragen, daß sich dieser Anteil noch weiter zuungunsten des Dollar verschiebt. Doch diese Verschiebung hat nur marginale Bedeutung. Die offiziellen Währungsreserven spielen heute angesichts der enormen Ausdehnung der privaten Geld- und Kapitalmärkte jedenfalls für die größeren Staaten nur eine untergeordnete Bedeutung. Diese Staaten können sich nämlich bei Bedarf jederzeit die nötigen Devisen auf diesen Märkten durch entsprechende Privatkredite verschaffen.

Indirekt entsteht aber insofern eine neue Situation, als mit dem Euro sicherlich ein zunehmender Anteil des Welthandels in Euro fakturiert werden wird – und zwar um so mehr, je eindeutiger die EU zu einer weltweiten Stärkung der Stellung der europäischen transnationalen Konzerne beiträgt. Ein zunehmender Anteil dieser Konzerne am Welthandel – etwa zwei Drittel des Welthandels entfallen auf transnationale Konzerne – würde sicherlich dazu führen, daß der Euro seine weltweite Stellung festigt.

Die Verwendung des Euro als Zahlungsmittel in der inländischen Geldzirkulation in Mittel- und Osteuropa, in den Mittelmeerstaaten und in Afrika wird sicherlich ebenfalls zunehmen. Es wird davon ausgegangen, daß die mittel- und osteuropäischen Länder beispielsweise, die bereits die DM als Ankerwährung für ihre Währung benutzen, aufgrund dieses Umstandes eng an die Euro-Zone angebunden werden und der Euro in den privaten Handels- und Finanzbeziehungen mit der Europäischen Union zunehmend Verwendung findet. Desgleichen wird der Euro automatisch zur Referenzwährung für die heutige Franc-Zone. Bei den anderen Drittländern werden sich diese Entwicklungen auf abgestufte Weise vollziehen. (EG 1997b).

So wird auch die zunehmende Verwendung des Euro als internes Zahlungsmittel in völlig fremden Nationen den Einfluß der Staaten der Währungsunion stärken, so wie die USA heute durch die Dominanz des Dollar bei den inländischen Geldsystemen einen starken Einfluß auf viele lateinamerikanische oder asiatische Ökonomien ausüben und daraus Vorteile ziehen.

5.1.3 Der Euro auf den internationalen Wertpapier- und Finanzmärkten

Welche Auswirkungen der Euro auf die internationalen Finanzmärkte hat, hängt davon ab, inwieweit das neue Geld die Währungsbezeichnung der entsprechenden Papiere beeinflussen wird und sich daraus Folgen für den Umfang und die Struktur dieser Märkte ergeben. Dies ist keineswegs nur eine technische Frage der Währungsbezeichnung. Denn angesichts des enormen Umfangs der internationalen Anleihe- und Kreditmärkte und der institutionellen Ausdehnung von Investmentfonds und anderen privaten Geld- und Vermögensverwaltern finden täglich riesige Anlageumschichtungen statt, die die Finanzierungsverhältnisse von Nationen, Staaten, Unternehmen, und sogar Privatpersonen stark beeinflussen. Heute wird der Zinssatz in den einzelnen Ökonomien, anders als gängige Behauptungen glauben machen wollen, nicht von den jeweiligen Zentralbanken bestimmt, sondern durch die Renditen der Staatspapiere. Kann der jeweilige Staat sich zu niedrigen Zinssätzen verschulden, sinkt auch der allgemeine Zinssatz der auf seine Währung lautenden privaten Schuldtitel. Entsprechend steigen dann auch die Aktienkurse. Und umgekehrt.

Es ist zu erwarten, daß in einer relativ langen Übergangszeit die Staaten der Währungsunion, die gemeinsam den weltweit größten Markt für Staatspapiere bilden, durch den Euro gewisse Wettbewerbsvorteile auf den internationalen Geld- und Finanzmärkten gewinnen. Von nun an werden alle neuen Staatsanleihen auf Euro lauten. Dies bedeutet eine enorme Homogenisierung des Marktes, die zu einer wesentlich größeren Transparenz führt – eben genau zu dem von transnationalen Banken und Finanzunternehmen gewünschten Ergebnis. Die EG-Kommission schließt daraus sicherlich sehr richtig:

> Mit der WWU entsteht einer der größten Märkte für Staatsanleihen auf der Welt. Es ist anzunehmen, daß er sich rasch entwickelt. Mit Beginn der WWU werden alle neuen Staatsanleihen in Euro aufgelegt. (EG 1997b)

Inwieweit die Staatsverschuldung außerhalb der Währungsunion in Euro lauten wird, läßt sich zum gegenwärtigen Zeitpunkt nicht voraussagen. Es ist nämlich praktisch unmöglich, sich ein Bild über die gegenwärtige Verschuldungssituation und die Finanzierungsquellen der einzelnen Staaten zu verschaffen. Trotz der weiterhin ungelösten internationalen Verschuldungskrise seit Beginn der achtziger Jahre werden immer noch keine zuverlässigen Statistiken erstellt. Jüngst wurde wieder an der Asienkrise deutlich, daß trotz der wiederholten Aufforderungen an IWF, Weltbank, Bank für Internationalen Zahlungsausgleich, OECD und andere Institutionen, aussagekräftige Zahlen zu ermitteln, diese Institutionen dieser Verpflichtung nicht nachkommen. Bei jeder Krise treten dann Verschuldungsdaten zutage, die man vorher nicht für möglich gehalten hatte. So wurde z. B. die südkoreanische Außenverschuldung vor 1997 auf etwa 100 Mrd. Dollar geschätzt. Ende 1997 zeigte sich, daß sie um mindestens 50, wenn nicht 100 Mrd. Dollar höher war. Nicht nur der mangelnde Wille zur Sammlung geeigneter Daten, sondern die ausufernde Phantasie der einzelnen Staaten bei Strategien, ihre Außenverschuldung mit Unterstützung der ausländischen Kreditgeber zu verschleiern, tragen hierfür die Verantwortung.

Was die Währungsbezeichnung der privaten Verschuldungsströme anbelangt, so können hier ebenfalls nur Mutmaßungen angestellt werden. Nach Angaben der EU-Kommission hat bisher folgende Entwicklung stattgefunden: Die internationalen Portfolios diversifizieren bereits, und es zeigt sich die Tendenz, aus dem Dollar herauszugehen: Von 1981 bis 1995 ist der Anteil der europäischen Währungen an privaten Portfolios weltweit von 13% auf 37% gestiegen, der des Dollar von 67% auf rund 40% gesunken. Auch bei den internationalen Schuldverschreibungs-Portfolios nimmt die Bedeutung der europäischen Währung zu: Der Anteil hat sich zwischen 1981 und 1995 fast verdoppelt und lag 1997 bei 37%. Mit steigender Nachfrage nach Euro-Schuldtiteln dürfte ein steigendes Angebot an solchen Aktiva einhergehen. Einer der Gründe, warum die Emittenten internationaler Schuldverschreibungen bei Großemissionen gegenwärtig den

Dollar vorziehen, ist der Umstand, daß die Kosten der Absicherung gegenüber Wechselkurs- und Zinsrisiken in dieser Währung niedriger sind. Die größere Liquidität und Tiefe des Euro-Marktes könnte diese Kosten jedoch auf ein Niveau senken, das mit dem des Dollar-Marktes vergleichbar ist, so daß mehr Anleihen in Euro begeben werden (EG 1997b).

Schließlich: Auch die Aktienmärkte werden innerhalb der EU durch den Euro in ihrer Währungsbezeichnung homogenisiert und transparenter gemacht. Hier kann es folglich ebenfalls zu einer Ausdehnung der Aktienemissionen privater Unternehmen kommen. Einige Analysen gehen davon aus, daß sich hierdurch das Sparverhalten der Privatpersonen in der EU verändern wird und sie immer mehr dazu neigen werden, ihre Ersparnisse in Aktien anzulegen. Entsprechend würden sich der Umfang und die Kurse auf den Aktienbörsen erweitern. Derartigen Vermutungen stehen andere gegenüber, wonach sich durch den Euro überhaupt keine Umschichtung im Sparverhalten der Privatpersonen ergeben werde und der Euro folglich überhaupt keine Wirkung auf die Aktienmärkte besitze, völlig unabhängig davon, inwieweit durch die Währungshomogenisierung des Aktienmarktes auch dessen Zentralisation auf einige wenige Börsenplätze stattfindet.

5.1.4 Schlußfolgerung

Alles in allem: Der Euro wird aller Voraussicht nach eine wesentlich größere internationale Rolle übernehmen als zuvor irgendeine der EU-Währungen für sich genommen. Daraus ergeben sich gravierende politisch-institutionelle Rollenverschiebungen.

Im Bereich der öffentlichen Verschuldung wird innerhalb der EU-Staaten die Rendite der Staatspapiere unmittelbar vergleichbar. Denn Wechselkursrisiken werden nicht mehr relevant sein, wodurch die Bonität der einzelnen EU-Staaten als Schuldner unmittelbar vergleichbar wird. Im übertragenen Sinn läßt sich ähnliches auch von privaten Schuldnern sagen.

Die Homogenisierung des Marktes wird zur Segmentierung der Schuldner führen. Ihre Bonität wird transparenter. Gegenüber den erweiterten Anlagemöglichkeiten für das mobile Kapital, die durch den einheitlichen Markt geschaffen werden, werden die einzelnen Emittenten und Kreditnehmer einen schweren Stand haben. Für die europäischen Banken und Finanzunternehmen ergeben sich daraus unmittelbare Vorteile, ebenso für die mächtigeren Staaten in der EU und für die großen transnationalen Konzerne. Das Nachsehen werden jene haben, die über die globale Marktreichweite nicht verfügen oder darin eine untergeordnete Stellung einnehmen. Zur Annahme, der Euro werde alle Anleger und Schuldner relativ gleichstellen, besteht also nicht der geringste Anlaß.

Entsprechend wird natürlich die Spekulation florieren. Auf einem großen Markt fühlen sich alle, die dem »Trend« folgen, sicher. Nun kann das europäische Finanzkapital dem neuen Trend des Euro folgen, und es wird diese Gelegenheit gewiß nicht versäumen. Das nationale und internationale Schuldenkarussell wird sich beschleunigen, wodurch die Gefahr internationaler Finanzkrisen größer wird.

Aber es kann auch zu einer politisch destabilisierenden Konkurrenz zwischen den zwei großen Währungsblökken des 21. Jahrhunderts – Euro und Dollar – kommen. Der Konkurrenzkampf um das weltweit anlagesuchende Kapital wird schärfer, zumal weltweit entgegen landläufigen Meinungen keineswegs Kapitalüberfluß, sondern Kapitalknappheit existiert.

5.2 Der Euro und der Dollar: Rivalität bis zu einem Krieg?

5.2.1 Zum neuen Hegemonieanspruch Europas

Während die professorale Intelligenz in Europa, besonders in Deutschland, damit beschäftigt war, sich intensiv mit so relevanten Fragen auseinanderzusetzen wie der, ob die Währungsunion überhaupt beginnen dürfe, wenn die tatsächliche Entwicklung von den Konvergenzkriterien abweiche – und hier die Ursachen ihres möglichen Scheiterns erkannte (Hankel u. a. 1998) –, lagen die Dinge in den USA ganz anders. Lange Zeit wurde dort die von der EU beschlossene Währungsunion ignoriert (Hening). Machtbewußte US-Amerikaner hielten diesen Beschluß für eine Spinnerei der Europäer, die sowieso zum Scheitern verurteilt sei. Als dann die Sache ernst wurde, begannen sie die Währungsunion als eine Gefahr für die nationale Sicherheit der USA zu interpretieren und auf notwendige Gegenreaktionen der USA hinzuweisen.

Einer der Wortführer der Gefahrenbeschwörer ist der Chef des auch in Europa angesehenen National Bureau of Economic Research, Martin Feldstein. Dieser hatte im Sommer 1993 in aller Ausführlichkeit die Gründe dargelegt, weshalb die Währungsunion scheitern müsse (Feldstein 1993): Zum einen seien zur Erreichung der Konvergenzkriterien Opfer erforderlich, die weder die Regierungen noch die Bevölkerung in den EU-Staaten hinnehmen könnten. Zum anderen würde sich bei festen Wechselkursen die Wirtschaftsrezession in Europa bis zum Ende des Jahrzehnts fortsetzen, somit die ökonomische Unsinnigkeit der Währungsunion offenlegen. Die EU-Kommission (d. h. der Delors-Bericht) stehe mit ihrer Behauptung, feste Wechselkurse seien zur Verwirklichung des Binnenmarkts nötig, im Widerspruch zu allen bisherigen ökonomischen Erkenntnissen. Außerdem würde die Währungsunion keineswegs die Inflationsraten senken können, sondern sie sogar noch wesentlich erhöhen. Wichtiger seien jedoch die politischen Konsequenzen: Die Entscheidungsgewalt über die Wirtschaftspolitik würde sich von den nationalen Hauptstädten entfernen und auf die kollektive Entscheidungsebene der Kommission oder des Rats in Brüssel verschieben. So wurde die Schlußfolgerung gezogen:

> Jetzt, wo die Europäer die politischen Folgen der im Maastricht-Vertrag vorgesehenen Europäischen Union zu verstehen beginnen, werden sie wahrscheinlich daraus schließen, daß die Risiken und Unabwägbarkeiten zu groß und die politischen Veränderungen zu unbefriedigend sind, um mit der Währungs- und Politischen Union weiter voranzuschreiten. Selbst wenn eine Währungsunion ohne Politische Union möglich wäre – etwas, was anscheinend weder Deutschland noch Frankreich will –, würden die Nachteile der Währungsunion die kleinen Vorteile für Preisstabilität und Beschäftigung, die aus der Einführung einer einzigen Währung resultieren, bei weitem überwiegen. Es wäre verwunderlich, wenn angesichts dieser Tatsachen Europa das 21. Jahrhundert mit einer Währungsunion und einer Einheitswährung beginnen würde. (Feldstein 1993, S. 19; siehe auch Feldstein 1992)

Vier Jahre später hatte sich Feldstein von jeder möglichen Verwunderung erholt. Nun äußerte er sich zu den Gefahren, die den USA durch die wohl unabwendbare Währungsunion drohen, und warnte davor, die möglicherweise daraus resultierende Kriegsbedrohung zu verkennen. Die Europäische Währungsunion werde nämlich den politischen Charakter Europas verändern und zu Konfrontationen mit den USA führen. Das Argument lautete jetzt: Die Einführung des Euro werde die Verantwortung für die Geldpolitik von den nationalen Zentralbanken (vorher hatte es geheißen: Regierungen) auf die neue Europäische Zentralbank übertragen. Wichtiger sei aber, daß der Währungsunion früher oder später eine Politische Union folgen werde. Ein Bundesstaat werde dann die Verantwortung für die Wirtschafts- und Sozialpolitik sowie für die Außenpolitik übernehmen. Denn die Treibkraft der Währungsunion sei die Politik und nicht die Ökonomie. Nach typischer Denkweise in den USA bildete nun aus einem völlig falsch verstandenen Primat der Politik die Währungsunion eine ernsthafte Bedrohung für den Welthandel, die Sicherheit der USA und folglich den Weltfrieden:

> Für viele Europäer, zurück bis zu Jean Monnet und seine Zeitgenossen kurz nach dem Zweiten Weltkrieg, bedeutet eine Politische Union europäischer Nationen eine Form, das Risiko eines weiteren inner-europäischen Krieges zwischen den einzelnen Nationen zu dämpfen. Aber die Versuche, eine Währungsunion und die nachfolgende Entwicklung hin zur Politischen Union voranzubringen, werden wahrscheinlich eher das Gegenteil bewirken. Statt die intra-europäische Harmonie und den globalen Frieden zu fördern, führen der Wechsel zur Währungsunion und die darauffolgende politische Integration eher dazu, die Konflikte zwischen Europa und den USA zu verschärfen. (Feldstein 1997a, S. 61)

Es bestehen also anscheinend trübe Aussichten: Untereinander werden sich die Staaten der EU um die Ziele der Geldpolitik streiten. Je mehr die Konjunktureinbrüche zur Verschärfung der Arbeitslosigkeit in einzelnen Nationalstaaten führen, um so heftiger die Konflikte. Das Mißtrauen zwischen den Nationalstaaten werde sich steigern. Grundlegende Meinungsverschiedenheiten zu innen- und außenpolitischen Fragen werden entstehen. Zwischen den europäischen Mitglieds- und Nichtmitgliedsstaaten der Währungsunion, einschließlich der Staaten in Mittel- und Osteuropa, wird es zu direkten Interessenkonflikten kommen. Dennoch werden sich die (namentlich nicht genannten) vorherrschenden Staaten der EU durchsetzen können und die gesamte Außen-, Militär-, Wirtschafts- und Innenpolitik der EU beherrschen.

> Eine Politische Union von der Größenordnung und dem Einfluß Europas und mit der Fähigkeit, mit ihrer militärischen Stärke zu operieren, wäre eine formidable Kraft in der globalen Politik (ebd., S. 62).

Das klingt wie ein Greuelmärchen. Doch noch besteht Hoffnung. Ein Krieg mit den USA steht nicht unmittelbar vor der Tür. Eine systematische Ansammlung politischer Fehlinterpretationen und Widersprüche und die völlige Ignoranz der europäischen Transnationalisierung als der Grund der Währungsunion untergraben die Seriosität dieser publikumswirksamen Darstellung. Zwar wird von deutschen Hegemoniebestrebungen und dem französischen Versuch ausgegangen, sie durch die Währungsunion zu bändigen, womit sich Feldstein in Europa auch auf Gesinnungsgenossen berufen kann (siehe etwa Baring 1997). Ist es aber zulässig, die Fragen der Politischen Union in Europa und ihrer Verfassung, die sich früher oder später in der Tat stellen werden, einfach damit aus dem Weg zu räumen, daß den Nationalstaaten der Währungsunion eine aggressive Militärpolitik unterstellt wird, für die es – jedenfalls bezüglich der USA – nicht die geringsten Anzeichen gibt? Müßte dann nicht auf die nicht nur fortbestehende, sondern sich ausweitende Militärallianz in der Nato eingegangen werden?

Die gesamte Problematik einer dem ökonomischen Primat folgenden supranationalen Institutionenbildung in Europa läßt sich nicht unter dem Gesichtspunkt einer zunehmenden europäischen Gefahr für den Weltfrieden fassen. Zwischen den USA und der EU wird es tatsächlich zu einer Machtverschiebung kommen, weil die europäischen transnationalen Konzerne mit der Währungsunion bessere Expansionsbedingungen erhalten. Nach der im vorliegenden Buch vertretenen These wird sich dies aber in einer zunehmenden Konzentration und Zentralisation der Kapitalien, unabhängig von ihrem nationalen Ursprung, niederschlagen. Das Scheitern der Fusion zwischen den Pharmakonzernen aus Großbritannien und den USA, Glaxco Wellcome und Smithkline Beecham, das 1997 zur größten Fusion der Geschichte geführt hätte, war nicht das Ende der transnationalen Fusionswelle. Auf der Liste möglicher Kandidaten stehen Banken, Investmenthäuser, Industrie- und Dienstleistungsunternehmen aller Art und, weshalb nicht, auch etwa die Fusion von Boeing und Airbus, die weltweit die Rüstungs-, Raum- und Luftfahrtindustrie mit allen vorgelagerten Zweigen in einen riesenhaften globalen Reorganisationsprozeß stürzen würde, dem gegenüber sich alle militärischen Abenteuer wie ein Kinderspiel ausnehmen würden. Wer könnte die »friedenstiftenden« Aspekte dieses globalen Integrationsprozesses verkennen?

5.2.2 Währungsunion und transatlantische Kooperation

Nicht auf die Kriegsgefahren, sondern auf den neuen Kooperationsbedarf zwischen den USA und der EU hat sich Fred Bergsten, ehemaliger US-Staatssekretär für Wirtschaftsfragen und Leiter des Instituts für Weltwirtschaft in Washington, konzentriert. Der Euro, so lautet seine These, sei das wichtigste Ereignis der Währungsgeschichte seit dem Zerfall des Bretton-Woods-Systems zu Beginn der siebziger Jahre. Zum ersten Mal, seitdem der Dollar zu Beginn des 20. Jahrhunderts die Führung vom

Pfund Sterling übernommen habe, werde er einen ernst zu nehmenden Rivalen haben. Mehr als 1000 Mrd. Dollar an Investitionskapital könnten vom Dollar zum Euro überwechseln. Die Wechselkurse zwischen Euro und Dollar könnten wesentlich stärkeren Schwankungen ausgesetzt sein. Neue Formen der Kooperation seien erforderlich, um dies zu verhindern und das internationale Währungssystem nicht unkontrollierbaren Fluktuationen zu überlassen:

> Ein bipolares Währungssystem unter Herrschaft Europas und der USA, mit Japan als Juniorpartner, wird das Dollar-zentrierte System ersetzen, das fast das gesamte Jahrhundert hindurch gegolten hat. Ein Quantensprung ist nötig in der transatlantischen Zusammenarbeit, um sowohl den Übergang zum neuen Regime als auch seine langfristigen Wirkungen zu bewältigen. (Bergsten 1997, S. 83)

Die größte Herausforderung sei zunächst, die Wirkung einer massiven Umschichtung privater Dollar-Vermögen zum Euro auf die Wechselkurse zwischen beiden Währungen zu dämpfen. Der Euro könnte nämlich eine viel zu schnelle Aufwertung erleben, als für die Staaten der Währungsunion wünschenswert und sinnvoll sei. Zwar könnten die europäischen Staaten dieser Entwicklung durch eine vor Eintritt in die Währungsunion vorzunehmende massive Abwertung vorbeugen – eine zutreffende Voraussage Bergstens, denn ab 1996 gaben die europäischen Zentralbanken nicht die leisesten Zeichen, dem massiven Wertverfall ihrer Währungen gegenüber dem Dollar bis zum Beginn der Währungsunion 1999 auch nur minimal gegensteuern zu wollen. Die europäischen Währungen erlitten eine durchschnittliche Abwertung von ca. 15%. Langfristig sei aber von einer erhöhten Wechselkursinstabilität auszugehen, die so gravierende Wechselkursmißverhältnisse schaffen könne, daß auf beiden Seiten Anlaß zu protektionistischen Maßnahmen gegeben sein könnte. Um den freien Welthandel und die freie Kapitalmobilität nicht zu gefährden, seien politische Abmachungen zur Beeinflussung des Wechselkurses nötig.

Nach Bergsten ist nicht die Rückkehr zu festen Wechselkursen wie zur Zeit des Bretton-Woods-Systems die Antwort auf diese Gefahren. Vielmehr sei eine enge Zusammenarbeit zwischen der US-Notenbank und der neuen Europäischen Zentralbank nötig. Tendenziell werde die Europäische Zentralbank einen gegenüber dem Dollar starken Euro befürworten, weil dies in der europäischen Öffentlichkeit als Erfolg dargestellt werden könne. Es bestehe die Gefahr, daß die Europäische Zentralbank weit über das erforderliche Maß die Geldpolitik in der Währungsunion restriktiv handhabe und somit die Umschichtung privater Geldanlagen zum Euro wesentlich beschleunige. Die internationalen Devisenmärkte würden großen Unsicherheiten und folglich starken Wechselkursschwankungen ausgesetzt werden.

Die größte Gefahr sei die hohe Verschuldung der USA. Attraktive alternative Anlagemöglichkeiten würden die internationalen Investoren dazu veranlassen, aus dem Dollar auszusteigen, so daß sich die USA die zur Deckung ihres hohen Leistungsbilanzdefizits nötigen Devisen nicht mehr werde beschaffen können. Aus der Stärkung des Euro und der ihr gegenüberstehenden Abwertung des Dollars könne sich eine internationale Finanzkrise entwickeln:

Der Euro und der Dollar werden die Weltfinanzen beherrschen, aber sowohl Europa als auch die USA werden dazu tendieren, eine Politik des »benign neglect« zu betreiben (sich um die Bedürfnisse des anderen wenig kümmern, A. S.). Werden beide Währungen allein den Marktkräften überlassen, dann werden beide eine hohe Volatilität besitzen und Wechselkursverzerrungen verursachen. Beide Ergebnisse würden sowohl für andere Staaten als auch für die Weltwirtschaft insgesamt destabilisierend wirken. (Bergsten, S. 94)

Zu befürchten sei die Wiederholung der Entwicklungen während der achtziger und zu Beginn der neunziger Jahre, in der die USA durch maßlose Haushalts- und Leistungsbilanzdefizite eine akute Rezession im verarbeitenden Gewerbe und im Agrarsektor erlitt. Notwendig sei daher, daß zwischen der EU, den USA und Japan – ähnlich dem EWS – ein »Wechselkurskorridor« vereinbart werde, innerhalb dessen die Währungen sich frei bewegen dürften, der aber die Europäische Zentralbank, das US-Federal Reserve und die japanische Zentralbank sowohl hinsichtlich ihrer jeweiligen Geldpolitiken als auch ihrer Interventionen auf den Devisenmärkten verpflichte. Es gehe dabei um eine der wesentlichen politischen Herausforderungen der Zukunft:

Als der französische Präsident Valéry Giscard d'Estaing und der deutsche Bundeskanzler Helmut Schmidt 1978 beschlossen, das Europäische Währungssystem zu gründen, wollten sie damit auch dem Ziel eines stabileren internationalen Währungssystems näher kommen... Ohne eine enge Kooperation zwischen der Europäischen Union und den USA könnte der Euro jedoch mehr Instabilität produzieren. Es ist Aufgabe der Regierungen beider Regionen, den Übergang von den von Sterling und Dollar dominierten Währungssystemen des 19. und 20. Jahrhunderts zu einem stabilen, vom Euro und vom Dollar beherrschten System des frühen 21. Jahrhunderts zu bewerkstelligen. Die Stärke und die Geschichte der nordatlantischen Beziehungen sind sicherlich gute Vorzeichen. Doch die Bewältigung dieses schwierigen Prozesses dürfte trotz allem eine der größten politischen Hausforderungen der kommenden Jahre werden. (Bergsten 1997b)

Die Analyse und die Vorschläge klingen überzeugend. Doch auch hier darf gefragt werden, wie denn das internationale Währungssystem politisch beeinflußt werden soll, von Kontrolle nicht zu sprechen, wenn allseits das Primat der Ökonomie herrscht? Wie läßt sich ökonomisch ein Wechselkurs vereinbaren, der nicht nur kurzfristigen Stabilitätserwägungen folgt, sondern auch seine langfristigen strukturellen Wirkungen auf Wettbewerbsfähigkeit, Beschäftigung, Kapitalbedarf, Ersparnisse und viele andere wesentliche Parameter der jeweiligen Wirtschaftsentwicklung sowohl in den USA als auch in der EU berücksichtigt? Oder ist hier gar an eine langfristige Währungsunion zwischen der EU und den USA gedacht?

Haben nicht Dutzende pompöser Regierungskonferenzen in der Vergangenheit erklärt, daß sich die Regierungen nun endlich um Wechselkursstabilität bemühen werden, um dann von der nächsten Währungskrise zur Wiederholung des Schauspiels gezwungen zu werden? Hat nicht gerade die Währungsunion ihren Ursprung darin, daß die Währungskrisen durch wirtschaftspolitische Kooperation eben nicht zu beseitigen waren und deshalb ein drastischeres Vorgehen vonnöten war?

Heute ist es eine Illusion, der Euro werde eine stärkere Zusammenarbeit mit den USA erlauben. Schon angesichts der Auseinandersetzungen innerhalb der EU, wer denn für die »Festlegung« des äußeren Werts des Euro zuständig sein werde, die Europäische Zentralbank, der Wirtschafts- und Finanzrat (ECOFIN) der EU oder ein aus politischen Beamten zusammengesetztes Gremium, sind derartige Hoffnungen völlig unberechtigt. Aber auch, weil keine institutionell abgesicherten politischen Abmachungen in Sicht sind, die die globalen Märkte einer öffentlich-administrativen Beeinflussung unterstellen könnten. Und gerade auf solche Abmachungen käme es an.

Neue Formen der Kontrolle internationaler Kapitalbewegungen und -besteuerungen müßten eingerichtet werden. Nicht nur Wechselkursziele, sondern darüber hinaus auch wesentliche andere gesellschaftspolitische Merkmale (»Utopien« müßten sie heute genannt werden angesichts der allseits herrschenden Phantasielosigkeit) – wie Umweltschutz, Sicherung der internationalen Wettbewerbsordnung gegenüber der zunehmenden Konzentration des transnationalen Kapitals, strategischen Allianzen und »joint ventures« (vgl. WTO 1997), Absicherung und Erweiterung der sozialstaatlichen Normen aller Staaten, globale Arbeitsplatzbeschaffung, Armutsbekämpfung weltweit, Lösung der zahllosen Verschuldungskrisen in allen Kontinenten und Bereitstellung von Kapital für arme Staaten usw. – müßten hinzukommen, um überhaupt wesentlichen Einfluß auf die transnationalen Märkte haben zu können. Woher aber ein geeignetes Konzept und die dazugehörigen Institutionen nehmen?

Völlig unangemessen wäre in diesem Zusammenhang der Verweis auf den Internationalen Währungsfonds. In dieser internationalen Organisation wird sich durch den Euro die Stimmenverteilung wesentlich verändern, wenn die Staaten der Währungsunion ihre Beiträge und Stimmrechte zusammenlegen. Diese Veränderung würde nach seinen Statuten sogar die Verlegung des IWF an einen Ort innerhalb der EU erfordern. Hier könnte man ihm nur die Walachei wünschen. Denn wegen seiner eindeutigen politischen und wissenschaftlichen Unfähigkeit sowie wegen seiner ideologischen Einseitigkeit ist der IWF für obige Aufgaben denkbar ungeeignet, die großen Probleme der Zukunft zu erörtern. In Sachen Europäische Währungsunion hat er, wie richtig bemerkt wurde, immer nur »im dunkeln getappt« (*Neue Zürcher Zeitung*, 28.4. 1997). Bei Verschuldungskrisen sichert er primär die Interessen der Privatbanken. Und in Sachen Abwehr solcher Krisen hat er sich bisher dadurch hervorgetan, sie bis zu ihrem Ausbruch nicht nur zu ignorieren, sondern ihren Eintritt für unmöglich zu erklären. Wer wollte sich da schon auf ihn verlassen?

Andere Institutionen stehen aber nicht zur Verfügung. Ihrer Gründung stünden auch gewaltige Hindernisse im Wege, denn sie müßten mit gewaltigen Finanzmitteln ausgestattet werden. Und dies würde sich als äußerst schwierig erweisen, da die USA auf solche Institutionen fixiert sind, die sie direkt oder indirekt beherrschen können. Wenn man sich aber in der EU nicht einig werden kann, wie der institutionelle Ausbau der wirtschaftlichen Kooperation zwischen den Teilnehmerstaaten der Währungsunion stattfinden soll, wer kann da noch die Hoffnung haben, man werde sich auf die noch viel schwierigere Aufgabe einlassen, eine derartige Zusammenarbeit institutionell auch noch mit den USA zu initiieren?

Natürlich wird in Zukunft von zunehmender Kooperationsnotwendigkeit und von Kooperationserfolgen die Rede sein. Auch wenn sich – wie eben in Asien bewiesen – die zunächst bejubelten Erfolge sprichwörtlich über Nacht in dramatische Krisen verwandeln, die Millionen von Menschen ins Elend stürzen. Die Herausforderungen sind in der Tat nicht zu verkennen. Verkannt werden sollte aber auch nicht, daß nur eine Politisierung dieser Probleme und die Schaffung demokratischer Beteiligungsmöglichkeit aller davon Betroffenen echte Aussichten auf Erfolg bieten könnten.

5.3 EU und Kapitalknappheit: Die Konkurrenz um das weltweite Kapital

Nicht um Kooperation, sondern um Konkurrenz wird es auf den internationalen Geld- und Kapitalmärkten gehen. Mit dem Euro schaffen die westeuropäischen Staaten gute

Bedingungen, um eine der wesentlichen Herausforderungen der Zukunft zu bestehen: genügend Kapital für ihre Wirtschaftsentwicklung an ihre Währung zu binden. Wie sie es untereinander in der Währungsunion aufteilen, ist eine andere Sache.

Es mag parodox erscheinen, angesichts überall expandierender internationaler Geld-, Kredit- und Finanzmärkte von einem möglichen Mangel an Kapital zu reden. Tatsächlich expandieren diese Märkte gerade als dessen Folge. Kapitalbesitzer können weltweit Spekulationsgewinne erzielen, weil es Dutzende von Staaten und Millionen von Menschen gibt, die Kapital dringend benötigen, und weil nur wenige die notwendigen Sicherheiten bieten. Darüber hinaus herrscht Kapitalmangel, weil nur in ganz wenigen Staaten überhaupt das zur weltweiten Verteilung disponible Kapital geschaffen wird. Heute von Kapitalüberfluß zu reden (z. B. Jackson) bedeutet, die Tatsachen zu ignorieren.

Schuldenkrisen und die Ausbeutung der verschuldeten Nationen durch die Kreditgeber sind die Folgen eines weltweiten Mangels an Kapital. Der Grund ist einfach zu erkennen: Trotz einer zunehmenden Akkumulation von Finanzreichtum sind in allen großen Industrienationen (G 7-Gruppe) im Vergleich zu den siebziger Jahren sowohl die Bruttoersparnisse als auch die makroökonomischen Investitionsquoten erheblich zurückgegangen. Seit Mitte der siebziger Jahre fiel die Bruttoersparnisbildung in den Ländern der G 7-Gruppe um mehr als 5 % des Bruttoinlandsprodukts, am schärfsten in den USA, Frankreich und Kanada. Dies ist vor allem das Ergebnis der fallenden Tendenz der Ersparnisbildung der privaten Haushalte und der enormen Zunahme ihrer Verschuldung. In den USA fielen die privaten Ersparnisse von durchschnittlich 10 % des Bruttoinlandsprodukts in den siebziger Jahren auf 7,6 %, in Japan von 20 % auf 14 %, in Kanada von 10,5 % auf 7,4 %.

Würden sich die Investitionsquoten der Industriestaaten auf die eigenen Ersparnisse beschränken, wäre ihr Wirtschaftswachstum um mehrere Prozente unter dem gegenwärtigen Niveau. Ihre Beschäftigungsprobleme würden sich verschärfen. Zu Hilfe kommt ihnen, daß aus den anderen Staaten enorme Kapitalübertragungen in die G 7-Staaten stattfinden und daß Deutschland und Japan in den letzten Jahrzehnten hohe Kapitalexporte durchführen konnten und somit zum großen Teil die Defizite der USA mitfinanzierten. Statt andere Staaten mit Kapital zu versorgen, saugen die großen Industrienationen in der Summe Kapital von außen auf. Die USA sind inzwischen zur weltgrößten Schuldnernation geworden.

Käme es zu einer wesentlichen Umkehr dieser Finanzströme, könnten die USA nicht nur ihr bisheriges Investitionsvolumen nicht aufrechterhalten, sondern sie erlitten auch angesichts der hohen Staatsverschuldung eine tiefe Schuldenkrise. Mit ihr würde der gesamte Dollar-Raum in den Strudel der Katastrophe gerissen.

Die EU hat mit der Währungsunion einen wichtigen Schritt gemacht, um dieser Katastrophe, sollte sie eintreten, partiell zu entgehen. Eine geeignete Geldform für das weltweit zirkulierende Kapital zu schaffen und sie immer attraktiver zu machen ist für die Staaten der Währungsunion eindeutig ein großer Vorteil. Doch hieraus zu schließen, die EU könnte sich damit zufriedengeben, würde die tatsächlichen Gefahren unterschätzen. Denn eine wirkliche Schuldenkrise in den USA würde auch trotz Euro das gesamte internationale Finanzsystem zusammenbrechen lassen.

Dieses Katastrophenszenario braucht nicht Wirklichkeit zu werden, um seine Schatten auf die weltwirtschaftliche Entwicklung zu werfen. Schon vorbereitende öffentliche Maßnahmen und private Reaktion zu seiner Abwendung sind genug. Trotz Euro kann deshalb keineswegs von einer grundsätzlichen Veränderung der instabilen Grundtendenzen des internationalen Währungs-, Kredit- und Finanzsystems gesprochen werden. Der Prozeß seiner Weiterentwicklung und Neuordnung ist ebensowenig beendet, wie seine politische und soziale Ausrichtung entschieden ist. Denn der transnationale Wettbewerb zielt auf weiterreichende Veränderungen: Es sollten die gesellschaftlichen »Strukturreformen« im Sinne der Flexibilisierung, des Sozialabbaus und einer verstärkten Privatisierung von öffentlichen Vermögen, Verantwortungen und Fähigkeiten noch wesentlich weiter vorangetrieben werden.

6. Ausblick

Selbst eine perfekt funktionierende Währungsunion könnte den Erwartungen nicht genügen, die an die Europäische Währungsunion geknüpft worden sind. Politisch und institutionell ein Krüppel, soll sie nicht nur Europa zur neuen Weltmachtstellung verhelfen, den innereuropäischen Frieden sichern, die Arbeitslosigkeit beseitigen und der europäischen Ökonomie neuartige Wachstumsimpulse verschaffen, sondern gleichzeitig auch die politische Union der teilnehmenden Staaten vorbereiten. Ein wahrhaft gigantisches Programm, über dessen Erfolgsaussichten nicht einmal die eifrigsten Befürworter allzu optimistisch sind.

Dennoch bedeutet die Währungsunion einen gewaltigen Schritt vorwärts im Prozeß der europäischen Integration. In wenigen Jahren werden sich die Bürger der EU-Staaten nur noch nostalgisch an ihr nationales Geld erinnern, und ihm sicherlich nicht nachtrauern. Die Rückkehr zu einer nationalistischen monetären Abschottung wird ihnen als Anachronismus erscheinen. Sie werden statt dessen damit beschäftigt sein, sich mit den Konflikten und Widersprüchen des neuen Geldes auseinanderzusetzen.

Und diese versprechen enorm zu sein. Der Euro betritt die weltgeschichtliche Szene einer sozial zunehmend zerklüfteten und politisch weiterhin in viele Nationalstaaten aufgeteilten Region. Ihnen steht ein riesiger Apparat von privat organisierten transnationalen Unternehmen gegenüber, der durch die Währungsunion zusätzliche Kräfte gewinnen wird. In diesem Apparat ist nur ein relativ geringer Anteil der Bevölkerung integriert; er bietet nur einer Minderheit Wohlstand und Sicherheit. Die Rückgewinnung bzw. Herstellung einer öffentlichen Einfluß- und Kontrollfähigkeit über diesen Apparat wird sich immer mehr als Voraussetzung dafür herauskristallisieren, daß die Nationalstaaten demokratisch nicht ausgehöhlt und in der Wahrnehmung einer ihrer wesentlichen Aufgaben – die Sicherung geeigneter Lebensgrundlagen ihrer Bürger – vollends gelähmt werden. Wie immer sich auch die Formen dieses öffentlichen Einflusses entwickeln – ob durch einen Verzicht darauf, oder durch eine neue internationale Wettbewerbsordnung, die nicht nur die Staaten, sondern eben auch die transnationalen Konzerne bindet, oder durch andere vorstellbare staatliche Eingriffe auf die Entscheidungsstrukturen und Verhalten dieser Unternehmen usw. –, die gesamte Entwicklung der Währungsunion wird davon wesentlich beeinflußt werden.

Anlaß zur Annahme, die wirtschaftliche Entwicklung werde sich durch die Währungsunion stabiler als bisher vollziehen können, besteht nicht. In der EU werden nun durch den Euro Währungskrisen nicht mehr möglich sein. Aber dem weltweit zirkulierenden Kapital bleiben genug Optionen offen, um Währungskrisen zu produzieren. Der Euro wird genügend Währungen haben, mit denen er sich zu messen hat. Spekulanten werden auf ihren Beruf nicht verzichten müssen. Wenn sich früher die Verteilung des weltweit mobilen Kapitals auf die einzelnen Währungen, Anlageformen und folglich auch Nationen in den EU-Staaten auch in den jeweiligen Wechselkursen niederschlug, so wird dieser Mechanismus nur in der EU entfallen. Aber damit wird der Verteilungsmechanismus insgesamt nicht außer Kraft gesetzt. Nun wird er sich ganz unmittelbar in den Unterschieden in Zinsen und anderen Kreditkonditionen ausdrücken, unter denen in den einzelnen Nationalstaaten auch der EU die verschiedenen öffentlichen und privaten Schuldner Zugang zu diesem Kapital finden. Die Bedingungen der Mächtigen werden vereinheitlicht, die der Schwächeren zusätzlich differenziert werden.

Auch die Preisentwicklung wird sich in der EU vereinheitlichen. Unterschiedliche nationale Inflationsraten werden, so sie noch eine Weile existierten, verschwinden. Um so akuter wird sich das Problem der allgemeinen Preisentwicklung stellen, wenn diese tatsächlich oder nur vermeintlich zu höherer oder hohen Inflation neigt. Zweierlei Konfliktherde werden sichtbar: Die Orientierungslosigkeit der Europäischen Zentralbank aufgrund des diffusen Prinzips der supranationalen Preisstabilität, und die Verteilung von Verantwortungen unter den Nationalstaaten. Das geplante System der Messung von Preisindizes hat akute Auseinandersetzungen vorprogrammiert. Einzelne Nationalstaaten können als Inflationsquelle ausgesondert und besonderen Zwangsmaßnahmen unterworfen, die Inflationsbedrohung an einer Stelle kann zum allgemeinen Disziplinierungsinstrument gemacht werden. Der völligen Vertuschung der wirklichen Einflußfaktoren auf die Preisentwicklung – zum Beispiel die spekulativen Kapitalbewegungen – wird Vorschub geleistet. Somit wird auch in Zukunft in der Währungsunion sehr viel über Inflation und Inflationsbedrohung geredet und Maßnahmen zu ihrer Verhinderung gefordert werden.

Die institutionelle Ausgestaltung der eigentlichen Währungsunion ist unreif und unvollendet. Unabhängig von besonderen Aufrufen werden sich die supranationalen Institutionen weiterentwickeln. Die Europäische Zentralbank beginnt bescheiden. Sie wird ihren bürokratischen Apparat immer weiter ausdehnen und stärken. Je mehr die Nationalstaaten monetär entmachtet werden, um so mehr wird sich im Direktorium der europäischen Zentralbank ein neues Machtzentrum bilden. Die Forderung nach politischer Unabhängigkeit dieses Direktoriums, so sehr sie vom demokratischen Blickwinkel ein Unding ist, bedeutet die Stärkung der politischen Einflußnahmemöglichkeiten der mächtigen Wirtschaftsgruppen auf und durch dieses Direktorium. Sein »Erfolg«, der nur durch das Verhalten der Nationalstaaten und ihrer Bevölkerungen möglich ist, wird es zum Anlaß nehmen, noch stärkere Unabhängigkeit und Distanz von den wirklichen Bestimmungsfaktoren der Lebensbedingungen in diesen Staaten zu fordern. Das unpolitische Gremium wird sich selber in den Mittelpunkt politischer Forderungen stellen. In diesem Widerspruch liegen dann auch die Chancen seiner demokratischen Fortentwicklung.

Diese Chancen nutzen zu können, wird die Auseinandersetzung mit dem gesamten politischen System der supranationalen Institutionen in der EU erfordern. Auch sie sind trotz ihrer Weisungsmacht nur politische Krüppel, die sich nicht auf den eigentlichen Volkswillen berufen können. Mag es den Bürokratien als Beruhigung dienen, sich der demokratischen Kontrolle nicht ausgesetzt zu sehen. Es macht sie nicht stärker. Auch die Währungsunion stärkt zwar den Einfluß und die Handlungsmöglichkeiten dieser Bürokratien, aber sie werden nun viel schärfer in den Blickwinkel der öffentlichen Diskussionen gestellt werden. Denn mit Gesetzen, Verordnungen, Bestimmungen usw. des EU-Rats und der EG-Kommission kommen direkt nur wenige in Berührung. Mit dem Geld geht jeder Bürger täglich um. Und sei es, daß es kaum zum Leben ausreicht.

Abkürzungen

BIZ:	Bank für Internationalen Zahlungsausgleich
DBB:	Deutsche Bundesbank
BAP:	Deutsche Bundesbank, Auszüge aus Presseartikeln
EG:	Europäische Gemeinschaften
EU:	Europäische Union. Die EU besteht aus den sechs »ursprünglichen« Mitgliedsländern der Europäischen Wirtschaftsgemeinschaft von 1958 (Belgien, Westdeutschland, Frankreich, Italien, Luxemburg, Niederlande) sowie den später hinzugekommenen Mitgliedsländern Dänemark, Großbritannien und Nordirland, Irland (1973), Griechenland (1981), Portugal, Spanien (1986), Finnland, Österreich, Schweden (1995).
EW, GWP:	Europäische Wirtschaft, Grundzüge der Wirtschaftspolitik (regelmäßige Publikation der EU-Kommission)
IB zur WWU:	Deutsche Bundesbank, Informationsbrief zur Europäischen Wirtschafts- und Währungsunion, verschiedene Ausgaben
IHT:	International Herald Tribune
IWWU:	Informationsbriefe zur Wirtschafts- und Währungsunion, herausgegeben von der Deutschen Bundesbank
JWB:	Jahreswirtschaftsbericht (Europäische Gemeinschaften)
OECD:	Organisation für Wirtschaftliche Zusammenarbeit in Europa
SZ:	Süddeutsche Zeitung

WTO:	World Trade Organisation, Welthandelsorganisation
WWU:	Wirtschafts- und Währungsunion
WU:	Währungsunion

Literatur

Association for the Monetary Union of Europe, *Newsletter* (versch. Ausgaben).

Rüdiger Bandilla, Jan-Peter Hix, *Demokratie, Transparenz und Bürgerrechte in der Europäischen Gemeinschaft*, Neue Juristische Wochenschrift, Heft 18, 1997.

Bank für Internationalen Zahlungsausgleich, *Jahresberichte* (verschiedene Ausgaben).

Bank of England, *History of the European Monetary Institute.*

Arnulf Baring, *Scheitert Deutschland? Abschied von unseren Wunschwelten*, Stuttgart 1997.

C. Fred Bergsten, *The Dollar and the Euro, Foreign Affairs*, Vol. 76, No. 4, 1997.

C. Fred Bergsten, *Um den Euro-Wechselkurs droht ein weltweiter Machtkampf, Welt am Sonntag*, 20. 7. 1997b.

Gerhard Bläske, *Die Autogiganten wachsem immer schneller, SZ*, 29. 11. 1997.

Bundesverfassungsgericht, *Leitsätze des Maastrichturteils*, Oktober 1993.

Kenneth Clarke, *Speech to the European Mouvement Gala Diner*, 9. 2. 1995, *BAP*, 12/95.

Ralf Dahrendorf, *Gibt es Massenarbeitslosigkeit?*, *Börsen-Zeitung*, 18. 6. 1997, aus: *BAP* Nr. 40, 1997.

Ralf Dahrendorf, *Economic Opportunity, Civil Society and Political Liberty, Development and Change*, Vol. 27, Nr. 2, April 1996.

Deutsche Bundesbank, *Stellungnahme der Deutschen Bundesbank zur Errichtung einer Wirtschafts- und Währungsunion in Europa*, veröffentlicht am 19. September 1990 (URL: www. bundesbank. de).

Deutsche Bundesbank, *Die Geldpolitik der Bundesbank*, Frankfurt 1995.

Deutsche Bundesbank, *Geldpolitische Strategien und Instrumentarium des europäischen Systems der Zentralbanken*, *IB zur WWU*, Nr. 4, Februar 1997.

Deutsche Bundesbank, *Die Entwicklung der Kapitalverflechtung der Unternehmen mit dem Ausland von Ende 1993 bis Ende 1995*, Monatsbericht Mai 1997.

Deutsche Bundesbank, *Entwicklung und Bestimmungsgründe grenzüberschreitender Direktinvestitionen*, Monatsbericht August 1997.

Deutsche Bundesbank, *Stellungnahme der Deutschen Bundesbank zur Errichtung einer Wirtschafts- und Währungsunion in Europa*, veröffentlicht am 19. September 1990.

Deutsche Bundesbank, *Informationsbrief zur Europäischen Wirtschafts- und Währungsunion*, verschiedene Ausgaben.

Deutscher Bundestag, *Entschließung des Deutschen Bundestages zum Vertrag vom 7. Februar 1992 über die Europäische Union vom 2. Dezember 1992*.

Deutsches Institut für Wirtschaftsforschung, *Die Öffentlichen Haushalte in den EU-Ländern: Konsolidierung braucht Zeit*, Wochenbericht 40/96.

Deutsches Institut für Wirtschaftsforschung, *Wie wichtig sind die finanzpolitischen Konvergenzkriterien?*, Wochenbericht 06/96.

Deutsches Institut für Wirtschaftsforschung, *Europäische Währungsunion: Reale Konvergenz unentbehrlich*, Wochenbericht 31/96.

Deutsches Institut für Wirtschaftsforschung, *Globalisierung: Falle oder Wohlstandsquelle?*, Wochenbericht 23/97.

Deutsches Institut für Wirtschaftsforschung, *Geldvermögen und Vermögenseinkommen der privaten Haushalte 1996*, Wochenbericht 31/97.

Deutsches Institut für Wirtschaftsforschung, *Anteil der Arbeitseinkommen in fast allen Mitgliedsländern der Europäischen Union seit 1980 rückläufig*, Wochenbericht 48/97.

Wim Duisenberg, *Die Europäische Zentralbank sorgt für stabile Preise*, *SZ*, 16. Oktober 1997.

Economic Policy Institute, *The State of Working America 1996-1997*, Washington DC 1997.

John C. Edmunds, *Securities: The New World Wealth Machine*, *Foreign Policy*, Nr. 104, 1996.

Ernst & Joung, The National Institute of Economic and Social Research, Association for the Monetary Union of Europe, *Strategien für den ECU. Die Währung für den Binnenmarkt*, Landsberg/Lech 1991.

Europäische Gemeinschaften, *XXVI. Bericht über die Wettbewerbspolitik*, Luxemburg 1996.

EG-Europäische Gemeinschaften, *Die Wettbewerbsfähigkeit der europäischen Industrie, Arbeitsunterlage der Kommissionsdienststellen*, Luxemburg 1997a.

Europäische Gemeinschaften, *Externe Aspekte der Wirtschafts- und Währungsunion. Arbeitsunterlage der Kommissionsdienststellen*, Mai 1997b.

Europäischer Rat, *Auszug aus den Schlußfolgerungen der Tagung am 13. und 14. Dezember 1996 in Dublin*, *BAP* Nr. 78, Dezember 1996.

Europäische Wirtschaft, *Grundzüge der Wirtschaftspolitik (EW, GWP)*, Nr. 62, Brüssel-Luxemburg 1996.

Europäische Wirtschaft, *Jahreswirtschaftsbericht (JWB) 1997*, Nr. 63, Brüssel-Luxemburg 1997.

European Economy, *Ageing and pension expenditure prospects in the Western world*, Nr. 3, Brussels-Luxembourg 1996.

European Economy, *Supplement A, Mergers and Acquisitions*, Februar 1994.

Europäisches Währungsinstitut, *Die Einheitliche Geldpolitik in Stufe 3. Festlegung des Handlungsrahmens*, Frankfurt 1997.

Martin Feldstein, *The case against EMU*, *The Economist*, 13.6. 1992.

Martin Feldstein, *Why Maastricht will fail*, *The National Interest*, Nr. 32, Sommer 1993.

Martin Feldstein, *The Euro and War*, *Foreign Policy*, November/ Dezember 1997a.

Martin Feldstein, *The Political Economy of the European Economic and Monetary Union: Political Sources of an Economic Liability*, *The Journal of Economic Perpectives*, Vol. 11, Nr. 4, 1997(b).

Frederick Forsyth, *Offener Brief an Bundeskanzler Kohl*, *Der Spiegel*, Nr. 14, 1997.

Andre Gunder Frank, *The Crisis of the World Economy*, London 1981.
Andre Gunder Frank, *What Next: Is the Reagan Recovery Real or a Calm Before the Storm?*, Manuskript, 1986.
Corneliius Graack, *European Telecommunications Markets*, *Intereconomics*, März/April 1996.
Alan Greenspan, *Problems of Price Measurement*, *BAP* Nr. 66, 11. 11. 1997.
Thomas Handke, Norbert Walter, *Der Euro. Kurs auf die Zukunft*, Frankfurt/New York 1997.
Wilhelm Hankel, Wilhelm Nölling, Karl Albrecht Schachtschneider, Joachim Starbatty, *Die Euro-Klage. Warum die Währungsunion scheitern muß*, Reinbek 1998.
C. Randall Henning, *Europe's Monetary Union and the United States*, *Foreign Policy*, Nr. 102, 1966.
Tony Jackson, *A Capital Conundrum. What Lies behind the Paradox of High Returns?*, *Financial Times*, 1. 11. 1997.
Hans-Ulrich Jörges (Hg.), *Der Kampf um den Euro. Wie riskant ist die Währungsunion?*, Hamburg 1998.
Ethan Kapstein, *Workers and the World Economy*, *Foreign Affairs*, Vol. 75, Nr. 3, 1996.
Claus Koch, *Das Ende des Selbstbetrugs. Europa braucht eine neue Verfassung*, München 1997.
Wim Kösters u. a., *Der Euro kommt zu früh. Wirtschaftswissenschaftler nehmen Stellung zum geplanten Beginn der Europäischen Währungsunion*, *FAZ* vom 9. 2. 1998.
Karl Lamers, *Der Euro ist mehr als eine Münze*, *Die Zeit*, 5. 9. 1997.
Alexandre Lamfalussy, *Der Euro bringt keine Jobs*, *Die Woche*, 2. 5. 1996 (*BAP* 28/96).
Rolf Lamprecht, *Untertan in Europa. Über den Mangel an Demokratie und Transparenz*, *Neue Juristische Wochenschrift*, Heft 8, 1997.
David Lascelles, *The Crash of 2003: An EMU Fairy Tale*, London 1996.
Ray Marshall, *The Global Job Crisis*, *Foreign Policy*, Nr. 100, 1995.

Hans-Peter Martin, Harald Schumann, *Die Globalisierungsfalle*, Reinbek 1996.
A. I. Millington, F. Bowen, B. T. Bayliss, *Corporate Integration in the EU: Recent Developments, Intereconomics*, März/April 1996.
Wolf-Dieter Narr, Alexander Schubert, *Weltökonomie. Die Misere der Politik*, Frankfurt 1995.
Klaus Nass, *Braucht die Europäische Union eine neue Verfassung?*, *BAP*, Nr. 54, 1. 8. 1994.
Renate Ohr, *Ist Europa noch nicht reif für die Währungsunion?*, *Die Zeit*, 29. 3. 1996.
Renate Ohr, *Die Zinsen werden steigen*, *SZ* 20. 2. 1997.
Renate Ohr, *Mindestens fünf Jahre verschieben*, *Die Zeit*, 29. 3. 1996.
Bernhard Pellens, Carsten Rockoltz, *Konzerne müssen sich neuen Marktgesetzen anpassen*, *Handelsblatt*, 20. 10. 1997.
Reinhard Pohl, Joachim Volz, *Die Niederlande: Beschäftigungspolitisches Vorbild?*, *DIW Wochenbericht*, Nr. 16/97.
Protokoll über die Konvergenzkriterien nach Artikel 109 j des Vertrags zur Gründung der Europäischen Gemeinschaft.
David Pryce-Jones, *European Union. A Disaster in the Making*, *Commentary*, Juni 1997.
Christa Randzio-Plath, *EWS-Krise als Chance nutzen*, *Europa Dossier* Nr. 1, Europäisches Parlament, Bonn, Januar 1994.
Robert Reich, *The Work of Nations*, New York 1991.
Robert Reich, *Locked in the Cabinet*, New York 1996.
Thilo Sarrazin, *Der Euro. Chance oder Abenteuer*, Bonn 1997.
Joia Shillingford, *Extremely good – in parts*, *Financial Times*, 10. 9. 1997.
Peter M. Schmidhuber, *Die Europäische Wirtschafts- und Währungsunion – ein deutsches Projekt?*, DBB, Frankfurt 1997.
Peter M. Schmidhuber, *Auf dem Weg zu einer Wirtschafts- und Währungsunion*, *BAP* Nr. 39, 23. 5. 1995.
Helmut Schmidt, *Aufgeschoben ist aufgehoben*, *Die Zeit*, Nr. 25, 13. 6. 1997.
Alexander Schubert, *Finanzen und Staatsverschuldung*, *Globale*

Trends 1998, hg. von I. Hauchler, D. Messner, F. Nuscheler, Frankfurt 1997.

Harald Schumann, *Wie arm sollen die Leute werden?*, *Der Spiegel*, Nr. 39, 1997.

René Sedillon, *Muscheln, Münzen und Papier. Die Geschichte des Geldes*, Frankfurt 1992.

Olaf Sievert, *Währungsunion und Beschäftigung*, *DBBAaPA*, Nr. 9/97.

Haig Simonean, *Changing gear*, *Financial Times* 20. 10. 1997.

Edmund Stoiber, *Der schwerste Vertrauensbruch*, *Der Spiegel*, Nr. 42, 1997.

Susan Strange, *Casino Capitalism*, New York 1987.

Gilliam Tett, *Single Currency: Everything you ever wanted to know about the euro*, *Financial Times*, 12. 11. 1996.

Hans Tietmayer, *Währungsunion und politische Integration: Historische Erfahrungen und Perspektiven*, *DAP* Nr. 76, 10. 11. 1995.

Hans Tietmayer, *Europa auf dem Weg zur gemeinsamen Währung*, *BAP* Nr. 63, Oktober 1997.

Hans Tietmayer, *Währungspolitik und europäische Integration*, *BAP* Nr. 60, Oktober 1997.

Emmanuel Todd, *L'illusion économique*, Paris 1998.

United Nations Centre on Transnational Corporations, *World Investment Report*, versch. Jahrgänge.

John Vinocur, *»Secret« Wealth Undermines the Social Model*, *International Herald Tribune*, 16. 10. 1997.

Stefan Wagstyl, *Arranged marriages*, *Financial Times*, 14. 10. 1997.

World Trade Organisation, *Annual Report 1997*, Genf 1997.

Volker Wörl, *Amerika fusioniert und Europa zaudert*, *SZ*, 3. 11. 1997.

Wyplosz, Charles, *EMU: Why and How it might happen*, *The Journal of Economic Perspectives*, Vol. 11, Nr. 4, 1997.

Andreas Zielcke, *Alle Menschen sind ungleich*, *SZ*, 23. 10. 1997.

Politische Ökonomie und Wirtschaftsgeschichte in der edition suhrkamp

Abelshauser, Werner: Wirtschaftsgeschichte der Bundesrepublik Deutschland 1945-1980. NHB. es 1241

Berghahn, Volker: Unternehmer und Politik in der Bundesrepublik. NHB. es 1265

Dobb, Maurice: Wert- und Verteilungstheorien seit Adam Smith. Eine nationalökonomische Dogmengeschichte. Aus dem Englischen von Cora Stephan. es 765

Esser, Josef: Nachruf auf den Standort Deutschland. es 1926

Eßer, Klaus: Lateinamerika. Industrialisierungsstrategien und Entwicklung. es 942

Häußermann, Hartmut / Walter Siebel: Dienstleistungsgesellschaften. es 1964

Heimann, Eduard: Soziale Theorie des Kapitalismus. Theorie der Sozialpolitik. Mit einem Vorwort von Bernhard Badura. es 1052

Held, Karl / Theo Ebel: Krieg und Frieden. Politische Ökonomie des Weltfriedens. es 1149

Jaeger, Hans: Geschichte der Wirtschaftsordnung in Deutschland. NHB. es 1529

Kiesewetter, Hubert: Industrielle Revolution in Deutschland 1815-1914. NHB. es 1539

Kurnitzky, Horst: Der heilige Markt. es 1886

Mandel, Ernest: Der Spätkapitalismus. Versuch einer marxistischen Erklärung. es 521

Menzel, Ulrich: Auswege aus der Abhängigkeit. Die entwicklungspolitische Aktualität Europas. es 1312

– Das Ende der Dritten Welt und das Scheitern der Großen Theorie. es 1718

Menzel, Ulrich / Dieter Senghaas: Europas Entwicklung und die Dritte Welt. Eine Bestandsaufnahme. es 1393

Narr, Wolf-Dieter / Alexander Schubert: Weltmarkt und Politik. es 1892

Pankoke, Eckart: Die Arbeitsfrage. Arbeitsmoral, Beschäftigungskrisen und Wohlfahrtspolitik im Industriezeitalter. NHB. es 1538

Die postmoderne Weltwirtschaft. Entstofflichung und Entgrenzung der Ökonomie. Herausgegeben von Ulrich Menzel u. a. es 1983

Radkau, Joachim: Technik in Deutschland. Vom 18. Jahrhundert bis zur Gegenwart. NHB. es 1536

Ribeiro, Darcy: Unterentwicklung, Kultur und Zivilisation. Ungewöhnliche Versuche. Aus dem brasilianischen Portugiesisch von Manfred Wöhlcke. es 1018

Senghaas, Dieter: Weltwirtschaftsordnung und Entwicklungspolitik. Plädoyer für Dissoziation. es 856

306/1/12.96